KB094748

초등 공부 시작부터 끝까지!

초끝

맞춤법 + 어휘 + 독해

1 단계

초등 1~2학년

초끝 1단계 | 초등 1~2학년
맞춤법 + 어휘 + 독해

초판 2쇄	2024년 1월 29일
초판 1쇄	2023년 12월 1일
펴낸곳	메가스터디(주)
펴낸이	손은진
개발 책임	김문주
개발	양수진, 최란경, 최성아
글	메가스터디 초등국어교육 연구소, 양하연
그림	신단고
표지 디자인	스튜디오 에딩크
본문 디자인	이정숙, 주희연
마케팅	엄재욱, 김상민
제작	이성재, 장병미
사진 제공	픽사베이
주소	서울시 서초구 효령로 304(서초동) 국제전자센터 24층
대표전화	1661-5431 (내용 문의 02-6984-6928,31 / 구입 문의 02-6984-6868,9)
홈페이지	http://www.megastudybooks.com
출판사 신고 번호	제 2015-000159호
출간제안/원고투고	메가스터디북스 홈페이지 <투고 문의>에 등록

· 이 책의 저작권은 메가스터디 주식회사에 있으므로 무단으로 복사, 복제할 수 없습니다. 파본은 바꿔 드립니다.
· 발간 이후 발견되는 오류 사항은 '홈페이지 〉 자료실 〉 정오표'를 통해 알려 드립니다.

일러두기
· 맞춤법과 띄어쓰기는 국립국어원에서 펴낸 《표준국어대사전》을 기준으로 삼되, 초등학교 교과서의 표기를 참고했습니다.
· 외국의 인명과 지명은 국립국어원에서 펴낸 《외래어 표기법》을 따랐습니다.
· 본 저작물은 공공누리 제1유형에 따라 공공 저작물을 이용하였습니다.

메가스터디BOOKS

'메가스터디북스'는 메가스터디㈜의 출판 전문 브랜드입니다.

유아/초등 학습서, 중고등 수능/내신 참고서는 물론, 지식, 교양, 인문 분야에서 다양한 도서를 출간하고 있습니다.

KC
· 제품명 초끝 맞춤법+어휘+독해 1단계
· 제조자명 메가스터디㈜ · 제조년월 판권에 별도 표기 · 제조국명 대한민국 · 사용연령 3세 이상
· 주소 및 전화번호 서울시 서초구 효령로 304(서초동) 국제전자센터 24층 / 1661-5431

왜?

초등학교 1~2학년
기초 문해력이 중요할까요?

초등 저학년인 우리 아이에게 딱 맞는 문해력 학습서는 어떤 것일까요?
한글을 뗀 지 몇 년이 안 된 아이들에게
긴 지문 독해와 어려운 어휘 학습, 장문 쓰기를 요구하는 문해력 학습서. 과연 괜찮을까요?

문해력 학습의 베스트셀러 <한 문장 정리의 힘>을 만든 메가스터디북스에서
초등학교 1~2학년을 위한 촘촘한 문해력 학습을 제안합니다.
문해력 학습도 다른 학습 영역처럼 학습자의 단계별 특성을 꼼꼼하게 고려해야 합니다.
초등학교 1~2학년은 문해력을 발달시킬 수 있는 결정적 시기입니다.
그래서 메가스터디북스는 흔히 말하는 문해력이 아닌 '기초 문해력'에 주목합니다.

기초 문해력은 짧은 글을 읽고 자신의 생각을 문장으로 쓸 수 있는 능력으로,
읽기와 쓰기의 기능을 분절적으로 학습할 때보다 균형적·통합적으로 학습해야 학습 효과가 높아집니다.
기초 문해력을 꼼꼼히 다져야 모든 학습에 절대적인 영향을 미치는 문해력을 완성할 수 있습니다.
<초끝 맞춤법+어휘+독해>는 초등학교 1~2학년 때 반드시 알아야 하는 맞춤법과 함께
문해력의 핵심인 읽기와 쓰기를 통합적으로 다룹니다.
<초끝 맞춤법+어휘+독해>로 기초 문해력을 완성하세요!

맞춤법 + 어휘 + 독해의
통합 학습

하루 2장,
25일 완성

개정 교육과정과
교과서 반영

초끝
맞춤법 + 어휘 + 독해

다양한
문제 유형 제시

체계적인
4단계 학습

문학·비문학 지문의
균형적 제시

이 책의 **구성**

독해 전 학습 단계

지문에 호기심을 가질 수 있도록 지문의 내용을 그림으로 미리 접하고 핵심 어휘와 문장을 학습합니다. 이러한 과정을 통해 자연스럽게 맞춤법과 띄어쓰기를 배우고 지문과 관련된 어휘와 문장을 파악하면서, 독해력 학습에 필요한 배경 지식을 쌓고 독해력 학습을 준비합니다.

STEP ① 미리 보기

미리 보기에서는 **독해력 학습**의 지문 내용을 그림으로 미리 살펴보며 **오늘의 맞춤법** 학습 내용을 확인합니다.

STEP ② 띄어쓰기 학습

띄어쓰기 학습에서는 문장 속 띄어쓰기와 문장의 올바른 순서를 자연스럽게 익힙니다.

STEP ③ 맞춤법·어휘 학습

맞춤법·어휘 학습에서는 **오늘의 맞춤법** 학습 내용을 O표 하기, 빈칸 완성하기, 따라 쓰기 등의 문제로 확인합니다.

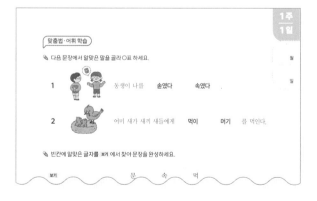

독해력 학습 단계

독해 전 학습 단계에서 학습한 어휘와 문장에 대한 이해를 바탕으로, 미리 보기의 그림과 동일한 그림을 다시 한 번 보면서 지문의 내용을 꼼꼼하게 파악합니다. 그리고 체계적으로 구성된 7가지 유형의 독해 문제를 풀면서 문해력의 기초를 단단하게 다집니다.

STEP 4 독해력 학습

독해력 학습에서는 먼저, 지문을 천천히 눈으로 읽어 봅니다. QR 코드를 활용하여 지문을 들어 보거나 지문을 소리 내어 읽어 보아도 좋습니다. 지문을 읽고, 표기와 발음의 관계를 이해하는 문제, 다양한 유형의 독해 문제를 풀어 봅니다.

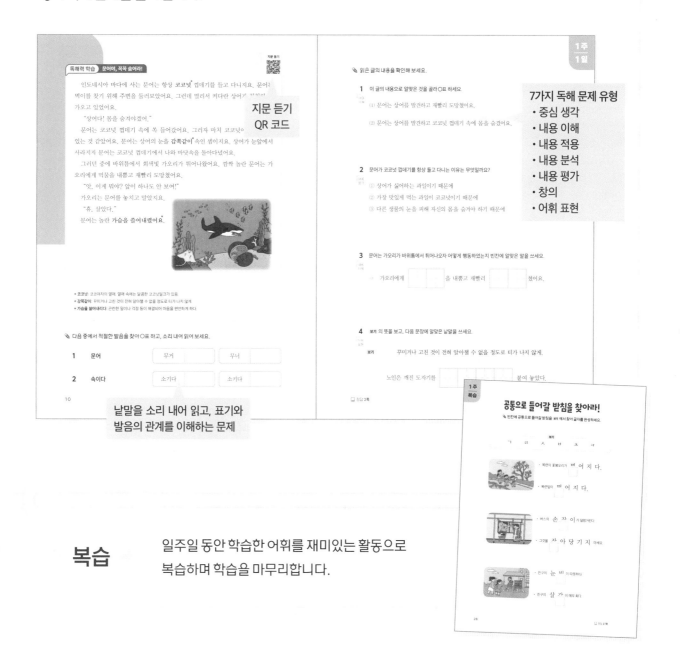

지문 듣기 QR 코드

7가지 독해 문제 유형
• 중심 생각
• 내용 이해
• 내용 적용
• 내용 분석
• 내용 평가
• 창의
• 어휘 표현

낱말을 소리 내어 읽고, 표기와 발음의 관계를 이해하는 문제

복습 일주일 동안 학습한 어휘를 재미있는 활동으로 복습하며 학습을 마무리합니다.

이 책의 차례

2단계

*2단계에서 공부할 맞춤법입니다.

공부할 맞춤법	1주 어려운 겹받침이 있는 말	2주 소리와 모양이 다른 여러 가지 말 1	3주 소리와 모양이 다른 여러 가지 말 2	4주 잘못 쓰기 쉬운 말 1	5주 잘못 쓰기 쉬운 말 2
1일	ㄳ 받침	[ㄴ], [ㄹ]로 소리 나는 말	[ㄴ] 소리가 덧나는 말	윗/웃	짓다/짖다, 찢다/찧다
2일	ㄵ, ㄶ, ㄼ 받침	[ㅁ], [ㅇ]으로 소리 나는 말	[ㄹ] 소리가 덧나는 말	반드시/반듯이, 되-/돼-	마치다/맞히다/맞추다
3일	ㄽ, ㄾ 받침	[ㅈ], [ㅊ]으로 소리 나는 말	사이시옷이 붙는 말 1	잊다/잃다, 업다/없다	대로/데로
4일	ㅄ 받침	된소리로 소리 나는 말 1	사이시옷이 붙는 말 2	걷히다/거치다, 닫히다/다치다	로서/로써, 비추다/비치다
5일	ㄺ, ㄻ, ㄿ 받침	된소리로 소리 나는 말 2	거센소리로 소리 나는 말	빗/빚/빛, 맞다/맞이하다	붙이다/부치다, 같다/갖다

문장 부호, 띄어쓰기, 띄어 읽기

문장 부호

쉼표

(1) 부르는 말이나 대답하는 말 뒤에 쓴다.

예) 하윤아, 집에 가자.

(2) 여러 가지 말을 늘어놓을 때 그 말 사이에 쓴다.

예) 딸기, 포도, 바나나가 있다.

마침표

설명하거나 명령하는 문장 끝에 쓴다.

예) 코끼리는 코가 길다.

큰따옴표

대화를 나타내거나 남의 말을 가져올 때 쓴다.

예) 친구가 "뭐해?"라고 물어봤다.

물음표

?

묻는 문장 끝에 쓴다.

예) 얼마예요?

작은따옴표

마음속으로 한 말을 적을 때 쓴다.

예) 나는 '배고파.'라고 생각했다.

느낌표

!

느낌을 나타내는 문장 끝에 쓴다.

예) 참 놀라워!

줄임표

할 말을 줄이거나 말이 없을 때 쓴다.

예) 그게 말이야…….

띄어쓰기와 띄어 읽기

준이는 ∨ 손오공 박사님의 집 ∨ 마당에서 ∨ 멋진 공룡 한 마리를 ∨ 봤어요. ∨∨

머리에 ∨ 뿔이 세 개나 달려 있는 ∨ 공룡이었어요. ∨∨

"공룡아, ∨ 어디에서 왔니? ∨∨ 타임머신 타고 ∨ 과거에서 왔구나!" ∨∨

하하! ∨∨ 손오공 박사님이 ∨ 웃었어요.

띄어쓰기
1. 성과 이름은 붙여 쓴다.
2. 낱말과 낱말 사이는 띄어 쓴다.
3. 문장 부호 뒤에 오는 말은 띄어 쓴다.
4. 호칭·직업·지위를 나타내는 말은 앞말과 띄어 쓴다.
5. '은/는', '이/가', '와/과', '을/를'과 같은 말은 앞말과 붙여 쓰고, 뒷말과 띄어 쓴다.
6. 단위를 나타내는 말은 앞말과 띄어 쓴다. 단, 숫자와 단위를 나타내는 말은 붙여 쓴다. 예) 5월 5일

띄어 읽기
1. 쉼표(,) 뒤에는 ∨표를 하고 조금 쉬어 읽는다.
2. 마침표(.), 물음표(?), 느낌표(!) 뒤에는 ∨∨표를 하고, 쉼표(,)보다 조금 더 쉬어 읽는다.
3. 뜻으로 묶을 수 있는 덩어리 사이에 ∨표를 하고 조금 쉬어 읽는다.

1주

 문어야, 꼭꼭 숨어라!

먹이

속이다

문어

📢 **오늘의 맞춤법** 받침이 뒤로 넘어가서 소리 나는 말   ㄱ, ㄴ 받침

ㄱ, ㄴ 받침이 뒤에 오는 'ㅇ'과 만나면 뒷말 첫소리로 이어져 '먹이'는 [머기], '속이다'는 [소기다], '문어'는 [무너]로 발음해요.

띄어쓰기 학습

✎ 띄어 쓰는 부분을 확인하고, 또박또박 따라 쓰세요.

문어는 상어의 눈을 속였다.

문	어	는	V	상	어	의	V	눈	을	V	속	였	다	.

✎ 문장의 순서에 맞게 빈칸에 알맞은 숫자를 쓰세요.

먹이를   문어는   둘러보았다.   찾으려고   주변을

(   ) (1) (   ) (   ) (   )

맞춤법·어휘 학습

✏️ 다음 문장에서 알맞은 말을 골라 ○표 하세요.

1  동생이 나를 **손였다** **속였다** .

2  어미 새가 새끼 새들에게 **먹이** **머기** 를 먹인다.

✏️ 빈칸에 알맞은 글자를 보기 에서 찾아 문장을 완성하세요.

보기 문 속 먹

1 □어가 사육사가 주는 □이를 덥석 물었다.

2 여우의 거짓말에 곰이 깜빡 □았어요.

✏️ 다음 문장에 들어갈 알맞은 말을 골라 ○표 하고, 빈칸에 쓰세요.

1  지난 일요일에 까미가 **목욕** **모곡** 을 했다.

➡

2  **국인** **군인** 이 멋진 군복을 입고 있다.

➡

지문 듣기

인도네시아 바다에 사는 문어는 항상 **코코넛**[*] 껍데기를 들고 다니지요. 문어는 먹이를 찾기 위해 주변을 둘러보았어요. 그런데 멀리서 커다란 상어가 천천히 다가오고 있었어요.

"상어다! 몸을 숨겨야겠어."

문어는 코코넛 껍데기 속에 쏙 들어갔어요. 그러자 마치 코코넛이 바닥 위에 있는 것 같았어요. 문어는 상어의 눈을 **감쪽같이**[*]속인 셈이지요. 상어가 눈앞에서 사라지자 문어는 코코넛 껍데기에서 나와 바닷속을 돌아다녔어요.

그러던 중에 바위틈에서 회색빛 가오리가 튀어나왔어요. 깜짝 놀란 문어는 가오리에게 먹물을 내뿜고 재빨리 도망쳤어요.

"앗, 이게 뭐야? 앞이 하나도 안 보여!"

가오리는 문어를 놓치고 말았지요.

"휴, 살았다."

문어는 놀란 **가슴을 쓸어내렸어요**[*].

* **코코넛**: 코코야자의 열매. 열매 속에는 달콤한 코코넛밀크가 있음.
* **감쪽같이**: 꾸미거나 고친 것이 전혀 알아챌 수 없을 정도로 티가 나지 않게.
* **가슴을 쓸어내리다**: 곤란한 일이나 걱정 등이 해결되어 마음을 편안하게 하다.

✎ 다음 중에서 적절한 발음을 찾아 ○표 하고, 소리 내어 읽어 보세요.

1	문어	무거	무너

2	속이다	소기다	소키다

✎ 읽은 글의 내용을 확인해 보세요.

1 이 글의 내용으로 알맞은 것을 골라 ○표 하세요.

내용
이해

(1) 문어는 상어를 발견하고 재빨리 도망쳤어요. ( )

(2) 문어는 상어를 발견하고 코코넛 껍데기 속에 몸을 숨겼어요. ( )

2 문어가 코코넛 껍데기를 항상 들고 다니는 이유는 무엇일까요? ( )

내용
분석

① 상어가 싫어하는 과일이기 때문에

② 가장 맛있게 먹는 과일이 코코넛이기 때문에

③ 다른 생물의 눈을 피해 자신의 몸을 숨겨야 하기 때문에

3 문어는 가오리가 바위틈에서 튀어나오자 어떻게 행동하였는지 빈칸에 알맞은 말을 쓰세요.

내용
이해

➡ 가오리에게 [　　][　　] 을 내뿜고 재빨리 [　　][　　] 쳤어요.

4 보기 의 뜻을 보고, 다음 문장에 알맞은 낱말을 쓰세요.

어휘
표현

보기　　　　꾸미거나 고친 것이 전혀 알아챌 수 없을 정도로 티가 나지 않게.

노인은 깨진 도자기를 [　　][　　][　　][　　] 붙여 놓았다.

2일 봄을 알리는 꽃

미리 보기

벌어지다

돋아나다

나들이

📢 오늘의 맞춤법 받침이 뒤로 넘어가서 소리 나는 말　ㄷ, ㄹ 받침

ㄷ, ㄹ 받침이 뒤에 오는 'ㅇ'과 만나면 뒷말 첫소리로 이어져 '돋아나다'는 [도다나다], '나들이'는 [나드리], '벌어지다'는 [버러지다]로 발음해요.

💬 띄어쓰기 학습

✎ 띄어 쓰는 부분을 확인하고, 또박또박 따라 쓰세요.

봄에는 새싹이 돋아나요.

봄	에	는	∨	새	싹	이	∨	돋	아	나	요	.

✎ 문장의 순서에 맞게 빈칸에 알맞은 숫자를 쓰세요.

벌어졌어요.　　　하얀　　　목련의　　　활짝　　　꽃봉오리가

(　　)　　　(　　) (　1　)　　　(　　)　　　(　　)

맞춤법·어휘 학습

✎ 다음 문장에 들어갈 알맞은 말을 골라 ○표 하고, 빈칸에 쓰세요.

1　　놀이터　　　　노리터

➡ 아이들이 [　　　　] 에서 신나게 놀고 있어요.

2　　다다써요　　　　닫았어요

➡ 비가 들어올까 봐 형이 창문을 [　　　　].

✎ 다음 밑줄 친 부분을 맞춤법에 맞게 고쳐 빈칸에 쓰세요.

1 밤하늘에 반짝반짝 별들이 <u>도다나다</u>.　➡ [　　　　]

2 교실에서 싸움이 <u>버러지고</u> 있다.　➡ [　　　　]

✎ 다음 뜻과 낱말을 알맞게 연결하세요.

· 나드리

1 집을 떠나 가까운 곳에 잠시 다녀오는 일.　·

· 나들이

· 벌어지다

2 ① 갈라져서 사이가 뜨다. ② 어떤 일이 일어나다. ·

· 버러지다

지문 듣기

봄이 되면 겨울 동안에 굳은 땅이 부드러워지고, 새싹이 **파릇파릇**[*] 돋아나요. 여기저기서 봄꽃도 활짝 피지요.

목련은 봉오리가 마치 붓처럼 생겼어요. 꽃봉오리가 벌어져 하얀 꽃이 피어나면 커다란 팝콘이 나뭇가지에 한가득 앉은 것 같아요.

목련이 질 무렵, 길가에는 병아리처럼 노란 개나리가 피어나요. 개나리는 햇빛이 잘 안 드는 곳에서도 잘 자라요. 또 분홍 진달래도 봄에 피지요. 옛날 사람들은 진달래로 **화전**[*]을 만들어 먹기도 했어요.

봄에 **풍성하게**[*] 피는 꽃들을 즐기러 떠나는 나들이를 꽃놀이라고 해요. 사람들은 예쁘게 핀 꽃들을 구경하며 사진을 찍고, 즐거워하며 이야기를 나누지요.

* **파릇파릇**: 군데군데 바다나 새싹과 같이 밝고 선명한 모양.
* **화전**: 찹쌀가루를 반죽하여 꽃잎을 붙여서 기름에 지진 떡.
* **풍성하다**: 넉넉하고 많다.

✎ 다음 중에서 적절한 발음을 찾아 ○표 하고, 소리 내어 읽어 보세요.

1 돋아나요
| 도다나요 | 도자나요 |

2 벌어져
| 버너져 | 버러져 |

읽은 글의 내용을 확인해 보세요.

1 이 글의 내용과 관련 있는 계절을 골라 ○표 하세요.

내용
이해

봄   여름   가을   겨울

(   )   (   )   (   )   (   )

2 다음 설명에 알맞은 꽃의 이름은 무엇인가요?   (   )

내용
이해

봄에 피는 분홍색 꽃이에요. 이 꽃으로 화전을 만들어 먹기도 했어요.

① 목련   ② 개나리   ③ 진달래

3 이 글의 내용으로 알맞은 것을 골라 ○표 하세요.

내용
분석

(1) 봄에 피는 꽃에 대해 설명하는 글이다.   (   )

(2) 사계절의 날씨에 대해 설명하는 글이다.   (   )

4 다음 문장에서 알맞은 말을 골라 ○표 하세요.

어휘
표현

   연꽃의   **봉오리**   **봉우리**   가 참 예쁘다.

 버스에서 일어난 일

🔊 **오늘의 맞춤법** 받침이 뒤로 넘어가서 소리 나는 말   ㅁ, ㅂ 받침

ㅁ, ㅂ 받침이 뒤에 오는 'ㅇ'과 만나면 뒷말 첫소리로 이어져 '참외'는 [차뫼/차붸], '손잡이'는 [손자비], '잡아당기다'는 [자바당기다]로 발음해요.

띄어쓰기 학습

✏️ 띄어 쓰는 부분을 확인하고, 또박또박 따라 쓰세요.

버스 손잡이를 잡아당겼어요.

버	스	∨	손	잡	이	를	∨	잡	아	당	겼	어	요	.

✏️ 문장의 순서에 맞게 빈칸에 알맞은 숫자를 쓰세요.

데굴데굴   굴러다녔다.   참외들이   노란   버스에서

(   )   (   )   (   )   (   )   (1)

맞춤법·어휘 학습

✎ 다음 문장에서 알맞은 말을 골라 ○표 하세요.

1 우빈이가 돌부리에 걸려 **넘어지다** **넘어뜨리다** .

2 고양이가 화병을 **넘어지다** **넘어뜨리다** .

✎ 다음 문장에서 빈칸에 들어갈 글자를 골라 ∨표 하세요.

1 외의 씨에는 영양이 풍부하게 들어 있어요. ➡ ☐ 참 ☐ 창

2 컵에 손 이가 달려 있어요. ➡ ☐ 잠 ☐ 잡

✎ 다음 문장에 들어갈 알맞은 말을 골라 ○표 하고, 빈칸에 쓰세요.

1 텔레비전에서 신나는 **으막** **음악** 이 흘러나왔다.

➡ | | |
|---|---|

2 아기가 엄마의 옷을 **잡아당겼어요** **자바당겼어요** .

➡ | | | | | | | |
|---|---|---|---|---|---|---|

6 월 28 일 금 요일

날씨 : 해가 쨍쨍

    나는 오늘 오후에 도서관에 가려고 버스에 탔다. 그런데 어떤 장난꾸러기 형도 버스에 탔다. 그 형은 의자에 올라 버스 손잡이를 잡아당기며 장난을 쳤다.

    그러다가 형은 어떤 아주머니가 있는 쪽으로 넘어졌다. 아주머니는 형 때문에 참외가 가득 든 바구니를 손에서 놓쳤다. 참외들이 데굴데굴 굴러다녔다. **당황한** 형이 아주머니께 미안하다고 사과드렸다.

    그 장면을 보면서 나는 버스에서 장난을 치지 말아야겠다고 다짐했다.

＊ **당황하다:** 놀라거나 다급하여 어찌할 바를 모르다.

✎ 다음 중에서 적절한 발음을 찾아 ○표 하고, 천천히 소리 내어 읽어 보세요.

1	참외	차뫼	차매

2	손잡이	손자뷔	손자비

✎ 읽은 글의 내용을 확인해 보세요.

1 이 글의 종류로 알맞은 것에 ◯표 하세요.

내용
분석

일기 편지 동화

( ) ( ) ( )

2 이 글의 글쓴이가 한 일은 무엇인가요? ( )

내용
이해

① 참외가 가득 든 바구니를 떨어뜨렸다.

② 도서관에 가기 위해서 버스에 탔다.

③ 버스에서 손잡이를 잡아당기며 장난을 쳤다.

3 글쓴이가 버스 안에서 깨달은 점이 <u>아닌</u> 것에 ◯표 하세요.

내용
적용

(1) 버스 안에서 장난을 치지 말아야겠다. ( )

(2) 몸이 불편한 사람에게 자리를 양보해야겠다. ( )

4 보기 의 뜻을 보고, 다음 문장에 알맞은 말을 쓰세요.

어휘
표현

보기 놀라거나 다급하여 어찌할 바를 모르다.

나는 할아버지의 도자기를 깨뜨려 ☐☐☐ 했다.

4일 나눔 장터로 오세요!

미리 보기

눈빛을 주고받다

책꽂이

옷을 팔다

📢 **오늘의 맞춤법** 받침이 뒤로 넘어가서 소리 나는 말 **ㅅ, ㅈ, ㅊ 받침**

ㅅ, ㅈ, ㅊ 받침이 뒤에 오는 'ㅇ'과 만나면 뒷말 첫소리로 이어져 '옷을'은 [오슬], '책꽂이'는 [책꼬지], '눈빛을'은 [눈삐츨]로 발음해요.

💬 **띄어쓰기 학습**

✎ 띄어 쓰는 부분을 확인하고, 또박또박 따라 쓰세요.

깨끗한 옷과 가방을 팔아요!

깨	끗	한	∨	옷	과	∨	가	방	을	∨	팔	아	요	!

✎ 문장의 순서에 맞게 빈칸에 알맞은 숫자를 쓰세요.

따뜻한　　　이웃에게　　　눈빛을　　　건네자.

(2)　(　)　(　)　(　)

20

맞춤법·어휘 학습

✎ 다음 그림에 알맞은 말을 연결하세요.

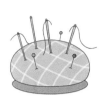

•   •   •

•   •   •

책꽂이   연필꽂이   바늘꽂이

✎ 다음 문장에 들어갈 알맞은 말을 골라 ◯표 하고, 빈칸에 쓰세요.

1   눈빛   눈빛   ➡ 친구가 차가운  으로 나를 보았다.

2   살갖   살갗   ➡ 모기에 물려서  이 부어올랐다.

3   꼬자   꽂아   ➡ 떡과 소시지를 꼬치에  먹었다.

✎ 다음 밑줄 친 부분을 맞춤법에 맞게 고쳐 빈칸에 쓰세요.

1   우리 옆집에 사는 <u>이운은</u> 요리사이다.   ➡

2   내 동생은 빨간색 <u>옷을</u> 좋아한다.   ➡

지문 듣기

나눔 장터 안내문

우리 행복 아파트에서 나눔 장터가 열립니다.

나눔 장터에서는 쓸모 있는 물건을 값싸게 사고팔 수 있습니다.

물건 판매[*]를 원하는 분은 관리 사무소[*]에서 신청서[*]를 작성하세요[*].

이웃과 따뜻한 눈빛을 주고받으며 함께 즐기는 시간이 되길 바랍니다.

일자	5월 11일 토요일
장소	101동 앞 광장
판매 신청 기간	5월 1일 ~ 5월 10일
판매 가능한 물건	깨끗한 옷이나 신발, 장난감이나 학용품, 책꽂이나 의자 같은 가구 등

행복 아파트 관리 사무소

* **판매**: 물건을 파는 일.
* **신청서**: 일을 맡은 기관에 어떤 일을 해 줄 것을 요구하는 문서.
* **관리 사무소**: 일이나 시설을 보살펴 돌보는 곳.
* **작성하다**: 서류, 원고 등을 만들거나 쓰다.

✎ 다음 중에서 적절한 발음을 찾아 ○표 하고, 천천히 소리 내어 읽어 보세요.

1 옷이나

오시나	옷시나

2 책꽂이

책꼬지	책꼬디

✎ 읽은 글의 내용을 확인해 보세요.

1 이 글을 볼 수 있는 장소로 알맞은 것에 ○표 하세요.

내용
이해

학교 복도	아파트 알림판	대형 마트
( )	( )	( )

2 이 글에서 알린 내용으로 알맞지 <u>않은</u> 것은 무엇인가요? ( )

내용
이해

① 나눔 장터가 열리는 장소는 101동 앞 광장이다.

② 나눔 장터에서는 장난감이나 학용품을 판매할 수 없다.

③ 물건을 판매하기 위해서는 판매 신청서를 작성해야 한다.

3 나눔 장터가 열리는 날을 달력에서 찾아 ○표 하세요.

내용
적용

5월

일	월	화	수	목	금	토
			1	2	3	4
5	6	7	8	9	10	11

4 다음 뜻에 알맞은 낱말을 보기 에서 찾아 빈칸에 쓰세요.

어휘
표현

보기   신청서   판매   장터

(1) 물건을 파는 일.

(2) 일을 맡은 기관에 어떤 일을 해 줄 것을 요구하는 문서.

 냠냠, 딸기 잼은 달콤해

🔊 **오늘의 맞춤법** 받침이 뒤로 넘어가서 소리 나는 말 ㅋ, ㅌ, ㅍ 받침

ㅋ, ㅌ, ㅍ 받침이 뒤에 오는 'ㅇ'과 만나면 뒷말 첫소리로 이어져 '부엌에'는 [부어케], '밑에서'는 [미테서], '높은'은 [노픈]으로 발음해요.

💬 띄어쓰기 학습

🖊 띄어 쓰는 부분을 확인하고, 또박또박 따라 쓰세요.

천장에 생쥐 가족이 살아요.

천	장	에	V	생	쥐	V	가	족	이	V	살	아	요	.

🖊 문장의 순서에 맞게 빈칸에 알맞은 숫자를 쓰세요.

선반   있다.   딸기   잼이   밑에는

(1)   (   )   딸기)(   ) (   )

맞춤법·어휘 학습

✎ 빈칸에 알맞은 글자를 보기 에서 찾아 문장을 완성하세요.

보기   높   억   밑

1 한라산은 우리나라에서 제일 ☐☐아요.

2 날씨가 무더워서 나무 그늘 ☐☐에 있어요.

✎ 다음 문장에서 알맞은 말을 골라 〇표 하세요.

1 강물이 매우   **깊어요**   **깁어요**   .

2 책상 **밑에**   **밑에**   고양이가 웅크리고 있어요.

✎ 다음 문장에서 빈칸에 들어갈 글자를 골라 ∨표 하세요.

1 부 ☐ 은 음식을 만들고 식사를 하는 곳이다. ➡ ☐ 억   ☐ 엌

2 따뜻한 밥을 먹고 ☐ 어서 밥솥을 열었다. ➡ ☐ 싶   ☐ 십

지문 듣기

　오래된 집의 높은 **천장**[*] 위에서 생쥐 가족이 **오손도손**[*] 살고 있어요. 밤이 깊어지고 집이 조용해지면 생쥐 가족은 음식을 찾으러 천장에서 부엌으로 내려와요.

　어느 날, 아기 생쥐는 식탁에 놓인 쪽지를 발견했어요.

　"**선반**[*] '미'에 딸기 잼을 두었어요."

　아기 생쥐가 쪽지를 읽자 아빠 생쥐가 말했어요.

　"이 글자는 '미'가 아니고, '밑'! '밑'은 아래쪽을 뜻하지. 이렇게 '밑' 다음에 '에'가 오면, ㅌ 받침이 뒤로 넘어가 '미테'라고 읽는단다."

　"아빠! 그럼 선반 밑에 얼른 가 봐요. 딸기 잼이 먹고 싶어요."

　아기 생쥐 말대로 선반 밑에는 딸기 잼이 있었어요. 생쥐 가족은 달콤한 딸기 잼을 맛있게 냠냠 먹었답니다.

*　**천장**: 지붕의 안쪽이나 위층의 바닥을 감추기 위해 그 밑에 설치한 덮개.
*　**오손도손**: 정답게 이야기하거나 사이좋게 지내는 모양.
*　**선반**: 물건을 두기 위하여 벽에 달아 놓은 판판하고 긴 나뭇조각.

✎ 다음 중에서 적절한 발음을 찾아○표 하고, 천천히 소리 내어 읽어 보세요.

1　높은 　　　| 노픈 | 노븐 |

2　부엌으로 　　| 부어끄로 | 부어크로 |

✎ 읽은 글의 내용을 확인해 보세요.

1 이 글의 주인공은 누구인가요?

내용
이해

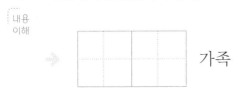 가족

2 이 글에서 드러나지 <u>않은</u> 사실은 무엇인가요? ( )

내용
이해

① 생쥐 가족은 고양이를 두려워한다.

② 생쥐 가족은 음식을 찾으러 밤에 부엌으로 내려온다.

③ 생쥐 가족은 오래된 집의 높은 천장 위에 살고 있다.

3 생쥐 가족이 선반 밑으로 간 까닭으로 알맞은 것에 ◯표 하세요.

내용
분석

(1) 쪽지를 읽기 위하여 선반 밑으로 내려갔어요. ( )

(2) 딸기 잼을 먹기 위하여 선반 밑으로 내려갔어요. ( )

4 다음 그림에 알맞은 말을 연결하세요.

어휘
표현

(1) 왼쪽 건물은 오른쪽 건물보다 •   • **낮아요.**

(2) 오른쪽 건물은 왼쪽 건물보다 •   • **높아요.**

공통으로 들어갈 받침을 찾아라!

✏️ 빈칸에 공통으로 들어갈 받침을 보기 에서 찾아 글자를 완성하세요.

보기

ㄱ   ㄹ   ㅅ   ㅂ   ㅊ   ㅋ

· 목련의 꽃봉오리가 버어지다.

· 목련잎이 떠어지다.

· 버스의 손자이 가 덜렁거린다.

· 그것을 자아당기지 마세요.

· 친구의 눈비 이 따뜻하다.

· 친구의 살가 이 매우 희다.

📖 정답 **27쪽**

2 주

받침이
대표 소리로
소리 나는 말

1일 선녀와 나무꾼

미리보기

연못

숨겼다

옷

📢 오늘의 맞춤법 받침이 대표 소리로 소리 나는 말 ㅅ, ㅆ 받침

받침은 [ㄱ], [ㄴ], [ㄷ], [ㄹ], [ㅁ], [ㅂ], [ㅇ] 7개 대표 소리 중 하나로 발음되어요. ㅅ, ㅆ 받침은 대표 소리 [ㄷ]으로 발음하지요. '옷'은 [옫], '연못'은 [연몯], '숨겼다'는 [숨겯따]로 발음해요.

띄어쓰기 학습

✎ 띄어 쓰는 부분을 확인하고, 또박또박 따라 쓰세요.

"내 날개옷……. 사라졌어!"

| " | 내 | V | 날 | 개 | 옷 | … | … | . | | 사 | 라 | 졌 | 어 | ! | " |

✎ 문장의 순서에 맞게 빈칸에 알맞은 숫자를 쓰세요.

날개옷	나무꾼은	한 벌을	숨겼다.	품속에
( )	( )	( )	( )	(4)

맞춤법·어휘 학습

✎ 빈칸에 알맞은 글자를 써넣어 문장을 완성하세요.

1  장 안에는 옷이 많다.

2  강아지가 신발을 물 다.

✎ 다음 밑줄 친 부분을 맞춤법에 맞게 고쳐 빈칸에 쓰세요.

1 백조들이 연몯가에 둥지를 틀었다.

2 친구가 자꾸 자기 말이 맞다고 우격따.

✎ 다음 문장에서 알맞은 말을 골라 ○표 하세요.

1  아이가 외출복을 **벗고** **벋꼬** 잠옷을 입었다.

2  선녀와 나무꾼은 부부가 되어 함께 **살아따** **살았다** .

지문 듣기

옛날 옛적 어느 날, 나무꾼이 산에서 나무를 **베고*** 있었어요. 그런데 사냥꾼에게 쫓기던 노루가 뛰어왔어요. 나무꾼은 노루를 숨겨 주었지요. 노루는 나무꾼에게 말했어요.

"오늘 밤, 저 산 너머 연못에 하늘나라 **선녀***들이 내려와 목욕을 할 거예요. 선녀를 아내로 맞이하고 싶다면, 날개옷 한 벌을 몰래 숨기세요. 선녀가 아이 셋을 낳기 전까지 선녀에게 날개옷을 주지 마세요."

늦은 밤, 나무꾼이 연못에 가 보니 아름다운 선녀들이 목욕을 하고 있었어요. 나무꾼은 날개옷 한 **벌***을 품속에 얼른 숨겼어요. 다른 선녀들은 날개옷을 찾아 입고 하늘로 올라갔지만, 날개옷을 잃어버린 선녀는 하늘로 올라갈 수 없었지요.

선녀는 나무꾼과 혼인하여 두 아이를 낳았어요. 하지만 선녀는 늘 하늘나라를 그리워했어요. 마음이 약해진 나무꾼은 감추어 둔 날개옷을 꺼내어 선녀에게 주고 말았지요. ㉠선녀는 기뻐하며 날개옷을 입더니 아이 둘을 품에 안고 하늘로 날아가 버렸어요.

* **베다**: 날카로운 물건으로 무엇을 끊거나 자르거나 가르다.
* **선녀**: 옛날 사람들이 하늘나라에 산다고 여긴 여자.　　　* **벌**: 옷이나 그릇을 세는 단위.

✎ 다음 중에서 적절한 발음을 찾아○표 하고, 소리 내어 읽어 보세요.

1　　날개옷　　　　　날개올　　　　　　　　날개온

2　　올라갔지만　　　올라간찌만　　　　　　올라각찌만

✎ 읽은 글의 내용을 확인해 보세요.

1 일이 일어난 순서에 맞게 기호를 쓰세요.

내용
이해

> 보기　㉮ 나무꾼이 선녀의 날개옷을 숨겼다.
>
> 　　　㉯ 나무꾼이 사냥꾼에게 쫓기는 노루를 만났다.
>
> 　　　㉰ 선녀는 나무꾼과 함께 살며 두 아이를 낳았다.

_____ ➡ _____ ➡ _____

2 이 글에서 나무꾼이 날개옷을 숨긴 이유는 무엇일까요?　　　　　　　(　　　)

내용
분석

① 선녀를 아내로 맞이하고 싶어서

② 선녀 대신 하늘로 날아가고 싶어서

③ 노루가 날개옷을 숨겨 달라고 부탁해서

3 ㉠이 일어난 후에 나무꾼이 느꼈을 감정으로 가장 알맞지 <u>않은</u> 것을 골라 ○표 하세요.

내용
평가

| 괴롭다 | 안타깝다 | 슬프다 | 기쁘다 |

4 보기 의 빈칸에 들어갈 낱말을 이 글에서 찾아 쓰세요.

어휘
표현

> 보기　　　　　　할머니께서 나에게 바지 두 □ 을 사 주셨다.

2^일 나팔꽃을 관찰해요

나팔꽃

햇빛

낮

낮에 일찍 지는 나팔꽃

아침에 일찍 피는 나팔꽃

오늘의 맞춤법 받침이 대표 소리로 소리 나는 말 ㅈ, ㅊ 받침

받침은 [ㄱ], [ㄴ], [ㄷ], [ㄹ], [ㅁ], [ㅂ], [ㅇ] 7개 대표 소리 중 하나로 발음되어요. ㅈ, ㅊ 받침은 대표 소리 [ㄷ]으로 발음하지요. '낮'은 [낟], '나팔꽃'은 [나팔꼳], '햇빛'은 [해삗] 또는 [핻삗]으로 발음해요.

띄어쓰기 학습

✎ 띄어 쓰는 부분을 확인하고, 또박또박 따라 쓰세요.

햇빛 가득한 아침이에요.

햇	빛	∨	가	득	한	∨	아	침	이	에	요	.

✎ 문장의 순서에 맞게 빈칸에 알맞은 숫자를 쓰세요.

아침에   피어요.   이른   꽃이   나팔꽃은

(   )   (   ) (2   ) (   ) (   )

맞춤법·어휘 학습

✎ 다음 문장에서 알맞은 말을 골라 ◯표 하세요.

1 우산이 없어서 비를 쫄딱 　**맞고**　　**맏꼬**　 뛰었어요.

2 경찰이 도둑을 　**쫓고**　　**쫃꼬**　 있어요.

✎ 다음 문장에 들어갈 알맞은 말을 골라 ◯표 하고, 빈칸에 쓰세요.

1  화단에 　**꽃**　　**꼳**　 이 화려하게 피었다.

2  　**낟**　　**낮**　 에 잠을 잤더니 밤에 잠이 오지 않아요.

✎ 다음 밑줄 친 부분을 맞춤법에 맞게 고쳐 빈칸에 쓰세요.

1 눈부신 <u>햇빛</u> 때문에 나는 선글라스를 꼈다.

2 햇볕이 따뜻한 <u>낮</u> 시간에는 고양이가 창가로 간다.

지문 듣기

나팔꽃 관찰 일기

날짜와 시간 8월 1일 오전 9시

날씨 햇빛 가득함.

관찰 내용 **자주색***을 띤 나팔꽃이 **이른*** 아침부터 활짝 피어 있다. 줄기가 나무 막대를 타고 올라가면서 쑥쑥 자라고 있다. 화분의 흙에서부터 나팔꽃의 길이를 재어 보니 72cm*이다.

조사 내용 나팔꽃은 이른 아침에 꽃이 피기 시작한다. 그리고 꽃잎이 얇아서 **햇볕***이 따가운 낮 시간에 꽃이 일찍 진다.

낮에 일찍 지는 나팔꽃

아침에 일찍 피는 나팔꽃

궁금한 점 ㉠나팔꽃처럼 다른 물건을 감거나 붙어서 자라는 덩굴식물의 종류로는 어떠한 것들이 있을까?

---

* **자주색**: 짙은 푸른빛을 띤 붉은색.
* **cm**: 길이를 재는 단위. '센티미터'로 읽음.

* **이르다**: 어떤 때보다 앞서거나 빠르다.
* **햇볕**: 해의 따뜻한 기운.

✎ 다음 중에서 적절한 발음을 찾아 ○표 하고, 소리 내어 읽어 보세요.

1 나팔꽃 | 나팔꼳 | 나팔꼰

2 낮 | 남 | 낟

✎ 읽은 글의 내용을 확인해 보세요.

1 이 글에 대한 설명으로 알맞은 것은 무엇인가요? ( )

내용
분석

① 나팔꽃과 관련된 이야기를 소개하는 글이다.

② 나팔꽃의 종류를 자세하게 설명하는 글이다.

③ 나팔꽃이 자라는 모습을 관찰하고 쓴 글이다.

2 이 글의 내용으로 알맞지 <u>않은</u> 것은 무엇인가요? ( )

내용
이해

① 나팔꽃의 길이는 72cm이다.

② 나팔꽃은 어두운 밤에 꽃이 진다.

③ 나팔꽃은 이른 아침부터 꽃이 핀다.

3 ㉠에 대한 답으로 알맞은 것을 골라 ○표 하세요.

내용
분석

(1) 보라색, 자주색, 파란색, 하늘색 등이에요. ( )

(2) 고구마, 오이, 포도나무, 담쟁이덩굴 등이에요. ( )

4 다음 밑줄 친 낱말의 반대말을 이 글에서 찾아 쓰세요.

어휘
표현

(1) <u>늦은</u> 아침 ⟺ ☐☐ 아침

(2) 꽃잎이 <u>두꺼워요</u>. ⟺ 꽃잎이 ☐☐요.

3^일 황금빛 들녘

📢 **오늘의 맞춤법** 받침이 대표 소리로 소리 나는 말 (ㅋ, ㄲ 받침)

받침은 [ㄱ], [ㄴ], [ㄷ], [ㄹ], [ㅁ], [ㅂ], [ㅇ] 7개 대표 소리 중 하나로 발음되어요. ㅋ, ㄲ 받침은 대표 소리 [ㄱ]으로 발음하지요. '새벽녘'은 [새병녁], '들녘'은 [들:력], '닦다'는 [닥따]로 발음해요.

띄어쓰기 학습

✎ 띄어 쓰는 부분을 확인하고, 또박또박 따라 쓰세요.

새벽녘부터 농부들이 일한다.

새	벽	녘	부	터	∨	농	부	들	이	∨	일	한	다	.

✎ 문장의 순서에 맞게 빈칸에 알맞은 숫자를 쓰세요.

참   황금빛   풍경이   들녘   멋있어요.

(4)   (   )   (   )   (   )   (   )

맞춤법·어휘 학습

✎ 다음 문장에서 빈칸에 들어갈 글자를 골라 ∨표 하세요.

1 이도 [ ]고 세수도 합니다. ➡ ☐ 딱 ☐ 닦

2 방바닥을 걸레로 꼼꼼히 [ ]습니다. ➡ ☐ 닦 ☐ 닥

✎ 다음 문장에 어울리는 말을 연결하세요.

　　　　　　　　　　　　　　　　　　　　　　　・　**밖**

　　　　　　　　　　　　　　　　　　　　　　　・　**박**

1 성문 [ ] 마을에 산다.　・

2 접시를 깨끗이 [ ][ ].　・

　　　　　　　　　　　　　　　　　　　　　　　・　**닥다**

　　　　　　　　　　　　　　　　　　　　　　　・　**닦다**

✎ 다음 문장에서 맞춤법에 맞는 말을 골라 ○표 하고, 빈칸에 바르게 쓰세요.

1 눈이 많이 내리면 산도　**들녘**　　**들력**　도 온통 하얀색이다.

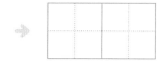

2 　**새벽녘**　　**새벽녁**　에는 할머니께서 요리하시는 소리가 난다.

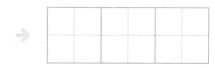

지문 듣기

우리가 매일 먹는 밥은 쌀을 끓여 익힌 음식이에요. 쌀은 벼 열매에서 껍질을 벗겨 낸 알맹이지요. 그렇다면 벼농사를 짓는 과정을 알아볼까요?

먼저, 봄에는 **볍씨**[*]를 사각형 모양의 모판에 골고루 심어요. 어린 벼인 모가 어린이의 팔뚝 길이만큼 자라면 모를 논에 옮겨 심는 모내기를 해요. 논에 물을 찰랑찰랑하게 담아 두고 초록빛 모를 일정한 간격으로 심어요.

모내기가 끝나면 농부들은 새벽녘부터 논에 가서 **거름**[*]을 주고, 잡초도 뽑아요. 또 벼가 잘 크도록 때때로 논에 있는 물의 양도 **조절하지요.**[*] 그래서 어떤 때에는 논에 물이 가득 찰 때도 있고 물이 없을 때도 있어요. 여름에는 벼에 꽃이 피고, 꽃이 진 후 열매가 생겨요. 벼에 달린 열매가 자랄수록 벼가 고개를 숙인 듯한 모양이 되어요.

황금빛 들녘 풍경이 보이는 가을, 농부들은 다 자란 벼를 베지요. 이마에 맺힌 땀을 닦고 **추수**[*]를 계속해요. 이렇게 추수한 벼 열매의 껍질을 벗기면 바로 그것이 쌀이지요. 추수를 끝낸 농부들은 농기계를 닦고, 내년을 준비해요.

* **볍씨**: 벼의 씨. '벼'와 '씨'가 합쳐져 만들어진 말.
* **조절하다**: 적당하게 맞추거나 바로잡다.
* **거름**: 식물이 잘 자라도록 땅에 주는 영양분.
* **추수**: 가을에 익은 곡식을 거두어들임.

✎ 다음 중에서 적절한 발음을 찾아 ○표 하고, 소리 내어 읽어 보세요.

1 들녘 | 들:력 | 들:렴

2 닦고 | 딱꼬 | 닥꼬

✎ 읽은 글의 내용을 확인해 보세요.

1 벼농사를 짓는 과정의 순서대로 빈칸에 알맞은 번호를 쓰세요.

잡초 뽑기	볍씨 심기	추수하기	모내기
( )	( )	( )	( )

2 이 글의 내용으로 알맞지 <u>않은</u> 것은 무엇인가요? ( )

① 모내기를 할 때에는 물을 찰랑찰랑하게 담아 둔다.

② 벼가 잘 크도록 논에 물을 항상 가득 채워 둔다.

③ 여름에는 벼에 꽃이 피고, 꽃이 진 후 열매가 생긴다.

3 이 글을 읽고 알게 된 점으로 알맞지 <u>않은</u> 것에 ○표 하세요.

(1) 모는 쌀을 끓여 익힌 음식이에요. ( )

(2) 쌀은 벼 열매에서 껍질을 벗겨 낸 알맹이에요. ( )

4 알맞은 낱말을 빈칸에 넣어 보기 의 뜻에 해당하는 속담을 완성해 보세요.

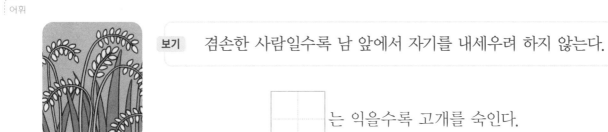

보기 겸손한 사람일수록 남 앞에서 자기를 내세우려 하지 않는다.

☐☐ 는 익을수록 고개를 숙인다.

 4일 해수욕장 안전 수칙

미리보기

햇볕

파도에 몸을 맡기다

모래밭

📢 **오늘의 맞춤법** 받침이 대표 소리로 소리 나는 말 ㅌ 받침

받침은 [ㄱ], [ㄴ], [ㄷ], [ㄹ], [ㅁ], [ㅂ], [ㅇ] 7개 대표 소리 중 하나로 발음되어요. ㅌ 받침은 대표 소리 [ㄷ]으로 발음하지요. '햇볕'은 [해뼏] 또는 [핻뼏], '모래밭'은 [모래받], '맡기다'는 [맏끼다]로 발음해요.

💬 **띄어쓰기 학습**

✎ 띄어 쓰는 부분을 확인하고, 또박또박 따라 쓰세요.

여름 햇볕과 바다가 그립다.

여	름	∨	햇	볕	과	∨	바	다	가	∨	그	립	다	.

✎ 문장의 순서에 맞게 빈칸에 알맞은 숫자를 쓰세요.

파도에   사람들이   맡긴다.   출렁이는   몸을

(   )   (   )   (   )   (2)   (   )

맞춤법·어휘 학습

✎ 다음 문장에 들어갈 알맞은 말을 골라 〇표 하고, 빈칸에 쓰세요.

1  사막의 뜨겁고 강렬한 **햇볕** **햇볃** !

➡

2  저쪽에 바람에 몸을 **맛긴** **맡긴** 사람이 보여!

➡

✎ 빈칸에 알맞은 글자를 보기 에서 찾아 문장을 완성하세요.

보기   붙   붇   받   밭

1 부엌에서 난 불이 커튼에 옮겨□고 있다.

2 지율이는 바다에서 모래□쪽으로 헤엄을 쳤다.

✎ 앞의 말에 이어질 말을 연결하세요.

1 아버지가 아들에게 금덩이를 •   • **맡다.**

2 모기가 왱왱거리며 땀냄새를 •   • **맡기다.**

'해수욕장'이라는 말을 듣고 무엇이 생각 나나요? 푸른 하늘과 바다, 뜨거운 햇볕과 모래밭, 파도에 몸을 맡기는 사람들이 떠오르지요. 해수욕장 안전 수칙*에는 다음과 같은 것들이 있어요.

첫째, 바다에 들어가기 전에는 준비 운동을 하고, 천천히 들어가야 해요. 찬 바다에 갑자기 뛰어들면 우리 몸이 깜짝 놀라기 때문이에요. 바다에 들어갈 때에는 심장에서 먼 곳부터 물을 적셔요.

둘째, 항상 어른과 함께 물에 들어가고, 튜브를 꼭 착용해야* 해요. 바다는 갑자기 깊어지는 곳이 많고, 파도가 높거나 바닷물이 세게 흐를 수 있기 때문이에요.

셋째, 햇빛을 오래 쬐지 말아야 하고, 자외선 차단제를 발라야 해요. 햇빛은 눈에 보이지 않는 빛이 섞여 있는데, 그것은 '자외선'이에요. 자외선 때문에 피부가 따갑고 벌겋게 되거나 물집*이 잡혀요. 또, 피부가 갈색으로 타기도 하지요.

* **수칙**: 지켜야 할 사항을 정한 규칙.
* **착용하다**: 의복을 입거나 모자를 쓰거나 신발을 신거나 액세서리를 차거나 하다.
* **물집**: 피부 일부분에 액체가 차서 부풀어 오른 것.

✎ 다음 중에서 적절한 발음을 찾아 ○표 하고, 소리 내어 읽어 보세요.

1	모래밭	모래받	모래발
2	맡기다	막끼다	만끼다

✎ 읽은 글의 내용을 확인해 보세요.

1 이 글은 무엇에 대해 설명하는 글인가요?

중심
생각

바다에 사는 생물	바다에서 즐기는 운동	해수욕장의 안전 수칙
( )	( )	( )

2 이 글의 내용으로 알맞은 것은 무엇인가요?   (   )

내용
이해

① 바다에 들어갈 때에는 심장과 가까운 곳부터 물을 적셔야 한다.

② 자외선은 햇빛에 섞여 있으며 우리 눈에 보이는 빛이다.

③ 자외선 때문에 피부가 따갑고 벌겋게 되거나 물집이 잡힌다.

3 이 글을 읽은 후에 할 수 있는 다짐으로 알맞지 <u>않은</u> 것에 X표 하세요.

내용
적용

(1) 햇빛을 오래 쬐고, 자외선 차단제를 바르지 않아야겠어.   (   )

(2) 항상 어른과 함께 물에 들어가고, 튜브를 꼭 착용해야겠어.   (   )

(3) 바다에 들어가기 전에 준비 운동을 하고, 천천히 들어가야겠어.   (   )

4 다음 밑줄 친 부분과 뜻이 같은 낱말을 골라 ○표 하세요.

어휘
표현

(1) 구명조끼를 <u>착용하다</u>.   입다   벗다

(2) 수영 모자를 <u>착용하다</u>.   적다   쓰다

5일 무릎과 팔꿈치의 공통점을 찾아라!

숲속

잡다

무릎

📢 **오늘의 맞춤법** 받침이 대표 소리로 소리 나는 말 ㅂ, ㅍ 받침

받침은 [ㄱ], [ㄴ], [ㄷ], [ㄹ], [ㅁ], [ㅂ], [ㅇ] 7개 대표 소리 중 하나로 발음되어요. ㅂ, ㅍ 받침은 대표 소리 [ㅂ]으로 발음하지요. '잡다'는 [잡따], '무릎'은 [무릅], '숲속'은 [숩쏙]으로 발음해요.

> 띄어쓰기 학습

✎ 띄어 쓰는 부분을 확인하고, 또박또박 따라 쓰세요.

나와 엄마는 숲속에 있어요.

나	와	∨	엄	마	는	∨	숲	속	에	∨	있	어	요	.

✎ 문장의 순서에 맞게 빈칸에 알맞은 숫자를 쓰세요.

손을   나는   엄마   걸어요.   잡고

(3) (   ) (   ) (   ) (   )

맞춤법·어휘 학습

✎ 빈칸에 알맞은 글자를 써넣어 문장을 완성하세요.

1  시우는 헬멧을 쓰고 무 보호대를 찼어요.

2  ☐ 속을 거닐면 공기가 상쾌해서 기분이 좋아져요.

✎ 다음 문장에 들어갈 알맞은 말을 골라 ○표 하고, 빈칸에 쓰세요.

1 엽 옆 ➡ 할아버지께서 내 ☐ 자리에 앉으셨다.

2 압 앞 ➡ 연우는 집 공원에서 자전거를 탔다.

✎ 빈칸에 알맞은 글자를 　보기　에서 찾아 문장을 완성하세요.

| 보기 | 꼽 | 꼼 | 잎 | 입 |

1  아기의 배 이 툭 튀어나왔다.

2 언니의 술이 붉고 도톰하다.

아라는 엄마 손을 잡고 숲속에서 산책을 하고 있었어요. 쾅! 숲길을 걸어가던 아라가 넘어졌지요. 아라가 일어나면서 말했어요.

"엄마, 무릎에는 왜 주름이 있을까요?"

"무릎처럼 우리 몸에서 구부렸다 폈다 하는 곳은 모두 주름이 있어. 그 이유는 피부가 늘어났다 줄어들었다 하기 때문이야. **팔꿈치**, 손가락에도 주름이 있단다."

엄마의 설명을 유심히 듣던 아라는 또 궁금한 점이 생겼어요.

"엄마, '무릎'이라는 낱말은 무슨 받침이 들어가나요?"

"'무릎'에는 ㅍ 받침이 들어가."

"엄마, 오늘은 무릎에 대해 두 가지나 배웠네요."

아라와 엄마는 마주 보고 웃었어요.

＊**팔꿈치**: 팔을 구부렸다 폈다 하는 부분의 바깥쪽.

✎ 다음 중에서 적절한 발음을 찾아 ○표 하고, 소리 내어 읽어 보세요.

1	잡고	잡꼬	잠꼬
2	무릎	무픔	무릅

✎ 읽은 글의 내용을 확인해 보세요.

1 아라가 궁금해한 점 두 가지를 골라 ○표 하세요.

내용
이해

(1) 무릎에는 왜 주름이 있을까요?　　　　　　　　　　　　（　　　）

(2) 무릎과 팔꿈치는 왜 까매지나요?　　　　　　　　　　　（　　　）

(3) '무릎'이라는 낱말은 무슨 받침이 들어가나요?　　　　（　　　）

2 이 글의 내용으로 알맞지 <u>않은</u> 것은 무엇인가요?　　　　（　　　）

내용
이해

① 아라는 숲길을 걸어가다가 넘어졌다.

② 엄마는 아라의 질문에 대답하지 않았다.

③ 우리 몸에서 구부렸다 폈다 하는 곳에 주름이 있다.

3 이 글을 통해 알 수 있는 아라의 성격에 ○표 하세요.

내용
평가

(1) 다른 사람들 앞에서 부끄러움이 많아요.　　　　　　　（　　　）

(2) 궁금한 것을 알고 싶어 하는 호기심이 많아요.　　　　（　　　）

4 다음 뜻과 낱말을 알맞게 연결해 보세요.

어휘
표현

　　　　　　　　　　　　　　　　　　　　　　　　　•　　**팔꿈치**

팔을 구부렸다 폈다 하는 부분의 바깥쪽. •

　　　　　　　　　　　　　　　　　　　　　　　　　•　　**무릎**

모아 모아 낱말을 완성하자!

✏️ 낱말의 뜻을 잘 읽고, 자음자와 모음자를 모아 ☐ 안에 알맞은 답을 쓰세요.

1

늘 물이 고여 있는 큰 웅덩이.

ㅇ ㄴ ㅕ
ㅁ ㅅ ㅗ

☐ ☐

2

해의 따스한 기운.

ㅅ ㅐ ㅎ
ㅕ ㅌ ㅂ

☐ ☐

3

들이 있는 쪽이나 지역.

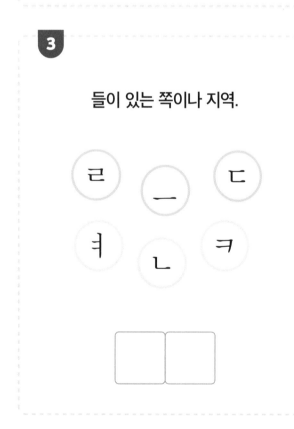

ㄹ ㅡ ㄷ
ㅕ ㄴ ㅋ

☐ ☐

4

앉을 때 다리가 접히는 앞부분.

ㅜ ㅁ
ㅍ ㅡ
ㄹ

☐ ☐

3_주

1^일 콩쥐와 팥쥐

🔊 **오늘의 맞춤법** 어려운 모음자가 쓰인 말   ㅐ, ㅒ

ㅐ와 ㅒ는 모양과 발음이 비슷해서 헷갈리기 쉬워요. ㅒ가 사용된 '얘', '걔', '쟤'는 줄임말이에요.
'얘'는 '이 아이', '걔'는 '그 아이', '쟤'는 '저 아이'를 뜻해요.

💬 띄어쓰기 학습

✎ 띄어 쓰는 부분을 확인하고, 또박또박 따라 쓰세요.

콩쥐가 자갈밭을 매었다.

콩	쥐	가	∨	자	갈	밭	을	∨	매	었	다	.

✎ 문장의 순서에 맞게 빈칸에 알맞은 숫자를 쓰세요.

찧었어요.	참새들이	도와	쌀을	콩쥐를
( )	(1)	( )	( )	( )

맞춤법·어휘 학습

✎ 다음 문장의 빈칸에 어울리는 말을 연결하세요.

1 농부가 잡초를 _____.   •   •   **매었다**

2 아이가 어깨에 가방을 _____.   •   •   **메었다**

✎ 다음 문장에 공통으로 들어갈 알맞은 말을 골라 〇표 하고, 빈칸에 쓰세요.

1    새   세   ➡   ☐☐ 장 안에 앵무☐☐ 가 있다.

2    애   얘   ➡   ☐☐ 야, ☐☐ 기를 들려줄게.

✎ 다음 문장에 들어갈 알맞은 말을 골라 〇표 하고, 빈칸에 쓰세요.

1 콩쥐가 항아리에 물을   **채웠다**   **체웠다**   .   ➡   ☐☐☐☐

2   **애들아**   **얘들아**   , 밖에 나가서 놀자!   ➡   ☐☐☐☐

지문 듣기

콩쥐는 부모님이 돌아가신 후, 새어머니와 새어머니의 딸 팥쥐의 구박을 받으며 살았어요. 어느 날, 새어머니가 콩쥐와 팥쥐를 불러 말했어요.

"얘들아, 내 말 잘 들어라. 팥쥐는 쇠 호미로 마당의 밭을 **매고**,* 콩쥐는 나무 호미로 자갈밭을 모두 매거라."

콩쥐는 나무 호미로 열심히 자갈밭의 잡초를 뽑다가 호미를 부러뜨렸어요. 콩쥐가 울고 있는데, 어디선가 황소가 나타나 상냥하게 말했어요.

㉠"콩쥐 아가씨, 걱정 마세요. 밭은 제가 매어 드릴게요."

다음 날, 새어머니는 팥쥐와 잔칫집에 간다며 화려한 옷을 차려입었어요. 그리고 콩쥐에게 **쌀쌀맞게*** 말했어요.

㉡"너는 멍석에 있는 쌀을 다 **찧어*** 놓고 오너라."

콩쥐가 쌀을 **절구***에 넣고 열심히 찧고 있는데 참새들이 포르르 날아왔어요.

"콩쥐 아가씨, 걱정 마세요. 우리가 쌀을 부리로 콕콕 찧어 드릴게요."

참새들 덕분에 콩쥐는 쌀을 다 찧을 수 있었어요.

* **매다**: 잡풀을 뽑다.
* **찧다**: 곡식 등을 잘게 만들려고 내리치다.
* **쌀쌀맞다**: 성격이나 행동이 따뜻한 정이나 붙임성이 없이 차갑다.
* **절구**: 곡식을 빻거나 떡을 치기 위해 속을 오목하게 만든 기구.

✎ 다음 중에서 적절한 발음을 찾아 ◯표 하고, 소리 내어 읽어 보세요.

1 얘들아   애드라   애드라

2 참새   참새   참새

✎ 읽은 글의 내용을 확인해 보세요.

1 콩쥐를 도와주지 <u>않은</u> 이를 골라 ○표 하세요.

내용
분석

참새   황소   새어머니

(   )   (   )   (   )

2 이 글의 내용으로 알맞지 <u>않은</u> 것은 무엇일까요?   (   )

내용
분석

① 새어머니는 콩쥐에게 힘든 일을 계속 시켰다.

② 콩쥐는 새어머니가 시키는 일을 열심히 했다.

③ 새어머니는 콩쥐와 팥쥐를 데리고 잔칫집에 갔다.

3 ㉠과 ㉡에 각각 어울리는 말투는 무엇인가요?   (   )

내용
적용

　　　㉠　　　　　　　　　　　㉡

① 사납고 차가운 말투   － 안타까워하는 말투

② 부끄러워하는 말투   － 원망스러워하는 말투

③ 친절하고 부드러운 말투 － 사납고 차가운 말투

4 다음 그림 속 물건의 이름을 보기 에서 찾아 쓰세요.

어휘
표현

보기　　　　　　　　　　　호미   절구

(1)

(   )

(2)

(   )

식사 예절을 지킵시다!

미리 보기

계속 말하다

꽃게

예절

🔊 **오늘의 맞춤법** 어려운 모음자가 쓰인 말   ㅖ, ㅞ

ㅖ와 ㅞ는 모양과 발음이 비슷해서 헷갈리기 쉬워요. ㅖ와 ㅞ의 발음은 다르지만, '계속', '시계'의 '계'는 [게], '은혜', '지혜'의 '혜'는 [헤]로 발음해요.

띄어쓰기 학습

✎ 띄어 쓰는 부분을 확인하고, 또박또박 따라 쓰세요.

오늘 저녁 메뉴는 꽃게탕!

오	늘	∨	저	녁	∨	메	뉴	는	∨	꽃	게	탕	!

✎ 문장의 순서에 맞게 빈칸에 알맞은 숫자를 쓰세요.

사람들   예절은   간의   약속이에요.

(　　) (　　) (3) (　　)

맞춤법·어휘 학습

✎ 다음 문장에 들어갈 알맞은 말을 골라〇표 하고, 빈칸에 쓰세요.

월

일

1   예절   예측   ➡ 인사할 때에도 ⬚⬚ 을 지켜야 해요.

2   게   개   ➡ 다리가 열 개인 꽃⬚는 옆으로 걷는다.

✎ 다음 문장에서 알맞은 말을 골라〇표 하세요.

1   과일   **가게**   **가계**   에서 딸기와 복숭아를 샀다.

2   사슴은 나뭇꾼에게   **은헤**   **은혜**   를 갚았다.

✎ 빈칸에 알맞은 글자를 보기 에서 찾아 문장을 완성하세요.

보기   게   계   개

1   비가 아침부터 ⬚속 주룩주룩 내린다.

2   시⬚를 보니까 벌써 4시 30분이에요.

예절은 사람들이 더불어 살아가는 데 필요한 약속이에요. 우리가 매일 식사를 할 때에도 지켜야 하는 예절이 있어요.

첫째, 음식을 입안에 넣고 계속 말하면 안 돼요. 왜냐하면 음식이 밖으로 튈 수 있고, 그 모습을 보는 사람들이 **불쾌하기**[*] 때문이지요. 하고 싶은 말이 있다면 음식을 다 씹은 후에 말해요.

둘째, 함께 먹는 음식을 가져갈 때는 마구 뒤적이지 말아야 해요. 찌개처럼 여럿이 먹는 국물 요리는 국자를 이용해 덜어 먹어요.

셋째, 장난을 치지 말고 음식을 **얌전히**[*] 먹어요. 꽃게처럼 뾰족한 음식을 먹을 때 장난을 치면 다칠 수 있어요.

이러한 식사 예절을 지키면 사람들과 즐겁게 식사할 수 있어요. 오늘부터 식사 예절을 잘 지켜 볼까요?

* **불쾌하다**: 못마땅하여 기분이 좋지 아니하다. '유쾌하다'의 반대말.
* **얌전히**: 성품이나 태도가 침착하고 단정하게.

✎ 다음 중에서 적절한 발음을 찾아 ◯표 하고, 소리 내어 읽어 보세요.

1 게

| 괴 | 게 |

2 예절

| 에절 | 예절 |

✎ 읽은 글의 내용을 확인해 보세요.

1 이 글은 무엇에 대해 설명하는 글인지 알맞은 것에 〇표 하세요.

중심
생각

인사 예절	식사 예절	전화 예절
( )	( )	( )

2 식사 예절을 지키는 방법으로 알맞지 <u>않은</u> 것은 무엇인가요? ( )

내용
이해

① 음식을 다 씹은 후에 말한다.

② 음식을 뒤적여서 좋은 것을 골라 낸다.

③ 장난을 치지 말고 얌전히 음식을 먹는다.

3 음식을 입안에 넣고 계속 말하지 말아야 하는 이유에 〇표 하세요.

내용
분석

(1) 음식이 밖으로 튈 수가 있기 때문이다. ( )

(2) 같이 식사하는 사람들이 유쾌하게 느끼기 때문이다. ( )

4 다음 문장에 어울리는 말을 **보기** 에서 찾아 쓰세요.

어휘
표현

보기   깨끗이   솔직히   얌전히

(1) 손을 비누로 　　　　　 씻었어요.

(2) 의자에 　　　　　 앉아 있었어요.

 외갓집에서 즐기는 여름!

미리보기

상쾌하다

외갓집

외할머니

📢 **오늘의 맞춤법** 어려운 모음자가 쓰인 말　ㅚ, ㅙ

ㅚ와 ㅙ는 모양과 발음이 비슷해서 헷갈리기 쉬워요. ㅚ는 소리를 내는 동안 입모양이 달라지지 않고,
ㅙ는 처음 소리 낼 때는 입을 오무렸다가 나중에는 ㅚ보다 입을 더 벌리게 되어요.

> **띄어쓰기 학습**

✎ 띄어 쓰는 부분을 확인하고, 또박또박 따라 쓰세요.

저는 어제 외갓집에 왔어요.

저	는	∨	어	제	∨	외	갓	집	에	∨	왔	어	요	.

✎ 문장의 순서에 맞게 빈칸에 알맞은 숫자를 쓰세요.

상쾌해요.　　　정말　　　기분이　　　시원해서　　　바닷물이

(　)　　(4)　(　)　　(　)　　(　)

60

맞춤법·어휘 학습

월

일

✎ 다음 밑줄 친 부분을 맞춤법에 맞게 고쳐 빈칸에 쓰세요.

1 <u>왜할머니</u>께서 왼손으로 가방을 들었어요. ➡

2 <u>웨갓집</u>에서 우리는 옥수수를 삶아 먹었다. ➡

✎ 다음 문장에 들어갈 알맞은 말을 골라 ○표 하고, 빈칸에 쓰세요.

1 **괴상**　　**괘상**　하게 생긴 도깨비가 나타났어요.

➡

2 **외삼촌**　　**왜삼촌**　은 돼지를 길러요.

➡

✎ 다음 문장에서 빈칸에 들어갈 글자를 골라 ∨표 하세요.

1 열　　가 없어서 문을 열지 못해요.　➡　☐ 쇠　☐ 쇄

2 달리기를 하고 씻었더니 몸이 상　　해요.　➡　☐ 쾨　☐ 쾌

지문 듣기

선생님께

선생님, 더운 날씨인데 건강하게 잘 계시지요?

저는 강원도 양양에 있는 **외갓집*** 에 왔어요. 바다와

가까워서 매일 바다에 나가 물놀이를 하고 있어요.

바닷물이 시원해서 기분이 정말 상쾌해요.

저희 외할머니께서는 옥수수와 감자 농사를 지으세

요. 외할머니와 밭에 나가 옥수수를 따고 감자도 캤어

요. 왼손에 **쫀득쫀득*** 옥수수, 오른손에 **포근포근*** 감자

를 들고 한 입씩 먹었어요. 아주 꿀맛이었어요.

선생님, 그럼 이만 줄일게요. 다음에 뵈어요.

20○○ 8월 ○일

염하은 올림

* **외갓집**: 어머니의 부모님이 살고 있는 집. '외-'라는 말이 붙으면 어머니와 관련된 친척임.
* **쫀득쫀득**: 음식이 질기거나 끈끈하여 잘 끊어지지 않는 느낌.   * **포근포근**: 매우 보드랍고 따뜻하여 편안한 느낌.

✎ 다음 중에서 적절한 발음을 찾아 ○표 하고, 소리 내어 읽어 보세요.

1 외갓집

애:가찝	외:가찝

2 상쾌하다

상:쾌하다	상:꽤하다

✎ 읽은 글의 내용을 확인해 보세요.

1 보기 에서 하은이가 쓴 편지 내용의 순서에 맞게 빈칸에 번호를 쓰세요.

내용
분석

보기　　① 편지를 쓴 날짜와 보내는 사람의 이름

② 편지를 마무리하는 끝인사

③ 편지를 받는 사람에게 전하고자 하는 내용

④ 편지를 받는 사람이 잘 있는지 안부를 묻는 첫인사

➡ _____ ➡ _____ ➡ _____ ➡ _____

2 이 글의 내용으로 알맞지 <u>않은</u> 것은 무엇인가요?　　　　　（　　　）

내용
이해

① 하은이는 지금 강원도에 있는 외갓집에 있다.

② 하은이의 외갓집은 바다에서 멀리 떨어져 있다.

③ 하은이는 매일 바다에 나가 물놀이를 하고 있다.

3 하은이의 외할머니는 어떤 농사를 짓나요?

내용
이해

➡ ☐☐ 와 ☐☐☐ 농사

4 보기 의 설명을 읽고, 빈칸에 어울리는 높임말을 쓰세요.

어휘
표현

보기　　　　높임말은 사람이나 물건을 높여서 이르는 말이에요.

(1) 선생님에게 ➡ 선생님 ☐　　　(2) 있다 ➡ ☐ 시다

4일 우리 동네 소식을 알립니다

미리 보기

📖 달팽이 서점

소원 행사

소원카드

소원을 빌다

스웨터

공원

📢 **오늘의 맞춤법** 어려운 모음자가 쓰인 말 ㅝ, ㅞ

ㅝ와 ㅞ는 모양이 비슷해서 헷갈리기 쉬워요. ㅝ는 ㅜ와 ㅓ가 합하여 이루어진 글자이고, ㅞ는 ㅜ와 ㅔ가 합하여 이루어진 글자예요.

띄어쓰기 학습

✏️ 띄어 쓰는 부분을 확인하고, 또박또박 따라 쓰세요.

털실로 스웨터를 짜 보자.

털	실	로	∨	스	웨	터	를	∨	짜	∨	보	자	.

✏️ 문장의 순서에 맞게 빈칸에 알맞은 숫자를 쓰세요.

나는   빌었어요.   소원을   모아   두 손을

(   )   (   )   (   ) (   ) (2)

맞춤법·어휘 학습

✎ 빈칸에 알맞은 글자를 써넣어 문장을 완성하세요.

1   오랫동안 바랐던 소 ☐ 이 이루어졌어요!

2   겨울에 입을 코트와 스 ☐ 터를 샀어요.

✎ 다음 문장에 들어갈 알맞은 말을 골라 ◯표 하고, 빈칸에 쓰세요.

1   공윈   공원    나는 강아지와 ☐☐ 에서 산책했다.

2   스웨터   스외터

 이모가 나에게 ☐☐☐ 를 선물로 주었어요.

✎ 다음 낱말의 뜻을 읽고, 회색 글씨를 따라 쓰세요.

1 | 원 | 하 | 다 | : 무언가를 바라거나 하려고 하다.

　　예 나는 유적지를 둘러보는 여행을 원해.

2 | 권 | 하 | 다 | : 음식, 물건 등을 먹거나 이용하라고 말하다.

　　예 아빠가 나에게 김치찌개를 먹어 보라고 권했어요.

지문 듣기

우리 동네의 10월 소식

　달팽이 서점에서는 '소원'이라는 주제로 여러 행사를 기획하였습니다. 주요 행사로 '소원'을 **글감***으로 한 그림책 전시, 소원 카드 만들기 등이 있습니다.

　주민 센터에서는 **뜨개질*** 수업을 마련하였습니다. 겨울이 오기 전에 뜨개질을 하여 포근한 스웨터를 완성하는 수업입니다. 뜨개질 수업은 10월 8일까지 홈페이지에서 신청할 수 있습니다.

　파랑새 공원에서는 10월 첫 주에 운동 기구를 새것으로 바꾸는 작업을 할 예정입니다. 공원에 있는 운동 기구들이 낡고 **훼손되었기*** 때문입니다. 10월 첫 주에는 공원의 운동 기구를 이용할 수 없습니다.

---

* **글감**: 글의 내용이 되는 재료.
* **뜨개질**: 옷이나 장갑 따위를 실이나 털실로 떠서 만드는 일.
* **훼손되다**: 깨뜨리거나 망가뜨려 못 쓰게 만들다.

✎ 다음 중에서 적절한 발음을 찾아 ○표 하고, 소리 내어 읽어 보세요.

1　소원

소원		소원	

2　훼손

훼:손		해:손	

✎ 읽은 글의 내용을 확인해 보세요.

1 이 글의 내용으로 알맞지 <u>않은</u> 것은 무엇인가요?   (   )

내용
이해

① 주민 센터에서는 다양한 겨울옷을 싼 값에 팔 예정이다.

② 파랑새 공원에서는 운동 기구를 새것으로 바꿀 예정이다.

③ 달팽이 서점에서는 '소원'을 주제로 여러 행사가 열릴 예정이다.

2 이 글을 읽은 사람이 할 수 있는 행동으로 알맞은 것에 ◯표 하세요.

내용
적용

(1) 달팽이 서점의 책표지 만들기 행사에 참여한다.   (   )

(2) 주민 센터 홈페이지에서 뜨개질 수업을 신청한다.   (   )

(3) 10월 첫 주에 새 운동 기구를 이용하러 간다.   (   )

3 이 글에 대한 설명으로 알맞지 <u>않은</u> 것은 무엇인가요?   (   )

내용
분석

① 동네의 새로운 소식을 알리는 글이다.

② 동네의 문제를 해결하기 위한 주장을 담은 글이다.

③ 동네 사람들이 알아야 할 다양한 정보를 전달하는 글이다.

4 다음 문장에서 알맞은 말을 골라 ◯표 하세요.

어휘
표현

(1) 엄마께서 소파에 앉아   **뜨개질**   **뜨게질**   을 하신다.

(2) 도서관에서는 창고에   **홰손**   **훼손**   된 책들을 모아 두었다.

5 일 신기한 소화 과정

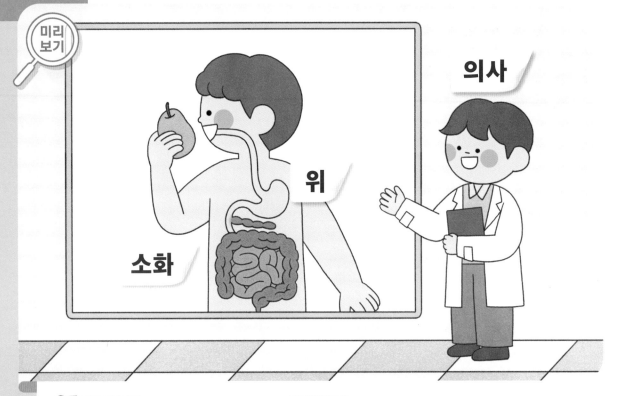

의사

위

소화

📣 **오늘의 맞춤법** 어려운 모음자가 쓰인 말 ㅘ, ㅟ, ㅢ

ㅘ는 ㅗ와 ㅏ가 합하여 이루어진 글자이고, ㅟ는 ㅜ와 ㅣ가 합하여 이루어진 글자예요. ㅢ는 ㅡ와 ㅣ가 합하여 이루어진 글자예요.

💬 띄어쓰기 학습

✎ 띄어 쓰는 부분을 확인하고, 또박또박 따라 쓰세요.

음식물은 위에서 죽처럼 돼요.

음	식	물	은	∨	위	에	서	∨	죽	처	럼	∨	돼	요.

✎ 문장의 순서에 맞게 빈칸에 알맞은 숫자를 쓰세요.

소화가   더부룩하네.   안되어   배가

(1)   (   )   (   )   (   )

맞춤법·어휘 학습

✎ 다음 문장에서 알맞은 말을 골라 ◯표 하세요.

1 진우는 배가 너무 아파서 **병원** **병원** 에 갔다.

2 **이사** **의사** 선생님께서 내 몸에 병이 있는지 살펴보셨다.

✎ 다음 낱말의 뜻을 읽고, 회색 글씨를 따라 쓰세요.

1 | 소 | 화 | : 음식물 속 영양소가 몸속에 스며드는 과정.

2 | 주 | 의 | : ① 마음에 새겨 두고 조심함.   ② 잘못이 없도록 일깨움.

③ 관심을 집중하여 기울임.

✎ 빈칸에 알맞은 글자를 보기 에서 찾아 문장을 완성하세요.

보기   화   휘   위   의

1 소 [ ] 가 잘 안돼서 [ ] 장실에 자주 가요.

2 [ ] 사 선생님께서 차가운 것을 조금만 먹으라고 주 [ ] 를 주었어요.

독해력 학습 신기한 소화 과정

의사인 혁이의 아버지께서 혁이네 반에 특별 수업을 하러 오셨어요.

"영양소는 우리 몸에 필요한 근육과 뼈, 에너지를 만드는 데 사용되어요. 소화란 음식물 속 영양소가 몸속에 스며드는 과정이에요. 우리는 입속에 넣은 음식물을 이로 잘게 부수고 침과 함께 꿀꺽 삼켜요. 음식물은 이제 어디로 갈까요?

음식물은 식도를 지나 위로 내려간답니다. 주머니처럼 생긴 위 속에서 음식물은 **소화액**과 섞여 죽처럼 걸쭉해져요. 그리고 십이지장을 지나 작은창자로 오면서 음식물은 매우 작은 영양소가 되고, 영양소는 작은창자 벽에서 **흡수**되어요. 흡수되지 못한 음식물 찌꺼기는 큰창자에서 어떻게 될까요?"

"똥이 돼요! 똥이 마려운데 화장실에 다녀와도 될까요?"

한 친구의 말에 혁이의 아버지께서 웃으시며 말씀하셨어요.

"좋아요. **대변**은 **항문**을 통해 몸 밖으로 나오죠. '소화'가 되면 '화장실'에 간다! 기억해 주세요!"

* **소화액**: 소화를 돕기 위해 몸속에서 만드는 액체.
* **대변**: '똥'을 점잖게 부르는 말.
* **흡수**: 바깥의 물질을 안에서 끌어들이는 일.
* **항문**: 대변이 나오는 구멍.

✎ 다음 중에서 적절한 발음을 찾아 〇표 하고, 소리 내어 읽어 보세요.

1 의사

| 으사 | 의사 |

2 소화

| 소하 | 소화 |

✎ 읽은 글의 내용을 확인해 보세요.

1 이 글에서 혁이의 아버지는 무엇을 설명하였나요?

중심
생각

➡ 우리 몸속의 ☐☐ 과정

2 음식물이 몸속을 이동하는 과정을 떠올리며 문장을 완성하세요.

내용
이해

(1) 입안에서 음식물을 삼키면 음식물이 ☐도 를 지나 위로 간다.

(2) 음식물은 주머니처럼 생긴 ☐ 에서 죽처럼 걸쭉해진다.

(3) 음식물은 작은창자에서 매우 작은 영☐소 가 된다.

(4) 흡수되지 못한 음식물 찌꺼기는 큰창자에서 대☐ 이 된다.

3 영양소로 만드는 것이 <u>아닌</u> 것을 고르세요.

내용
분석

근육과 뼈   껍데기   에너지

(   )   (   )   (   )

4 다음 낱말과 뜻을 바르게 연결해 보세요.

어휘
표현

(1) **걸쭉하다** •   • 바깥의 물질을 안에서 끌어들이다.

(2) **흡수하다** •   • 액체 등이 내용물이 많고 진하다.

정답 **16**쪽

왔다 갔다 사다리를 타자!

✎ 다음 모음자가 들어간 낱말을 보기 에서 고르고, 사다리를 따라 도착한 ☐에 쓰세요.

ㅐ   ㅖ   ㅚ   ㅞ   ㅘ

보기

예절   의사   열쇠   공원

스웨터   소화   참새

📖 정답 **27**쪽

4주

1일 아기 돼지 삼 형제

📢 **오늘의 맞춤법** 잘못 쓰기 쉬운 말 1 ┃ **첫째, 둘째, 셋째**

수를 나타내는 말은 '하나, 둘, 셋, …'이에요. 그런데 순서를 나타내는 말은 '첫째, 둘째, 셋째, …'로 나타내요.
수를 나타내는 말 뒤에 보통 '-째'가 붙지요.

띄어쓰기 학습

✎ 띄어 쓰는 부분을 확인하고, 또박또박 따라 쓰세요.

첫째 돼지가 집을 지었다.

첫	째	∨	돼	지	가	∨	집	을	∨	지	었	다	.

✎ 문장의 순서에 맞게 빈칸에 알맞은 숫자를 쓰세요.

늘대는   돼지의   찾아갔어요.   셋째   집도

(1)   (   )   (   )   (   ) (   )

맞춤법·어휘 학습

✎ 다음 문장에서 알맞은 말을 골라 ◯표 하세요.

1 **첫째** **첯째** 아이를 맏이라고 한다.

2 옆집 **두째** **둘째** 아들은 여덟 살이다.

✎ 빈칸에 알맞은 글자를 보기 에서 찾아 문장을 완성하세요.

보기 네 세 셋

1 노래하는 사람은 ☐ 명이다.

2 고모가 ☐ 째 아기를 낳았다.

✎ 다음 밑줄 친 부분과 같은 뜻을 지닌 말을 골라 ◯표 하세요.

1 우리 모두 네 번째 주 토요일에 만나요! **네째** **넷째**

2 나는 달리기 시합에서 다섯 번째로 들어왔다. **다섯째** **다서째**

독해력 학습 아기 돼지 삼 형제

아기 돼지 삼 형제는 가족과 함께 살던 집을 떠나 각자 자신만의 집을 짓기로 했어요. 첫째 돼지는 길을 가다가 **짚단**[*] 한 무더기를 발견했어요.

"옳지! 이 짚을 **엮어서**[*] 집을 지으면 되겠다!"

둘째 돼지는 길가에 떨어진 나무판자를 주워 집을 지었어요. 그리고 셋째 돼지는 벽돌을 쌓아 집을 지었지요.

어느 날, 첫째 돼지의 집 앞에 늑대가 나타났어요. 늑대가 훅훅 입김을 불자, 짚으로 만든 집은 휙 날아가 버렸어요. 첫째 돼지는 둘째 돼지 집으로 도망갔어요.

늑대는 둘째 돼지의 집도 찾아갔어요. 늑대가 훅훅 입김을 불자, 나무판자로 만든 집이 휙 날아가 버렸어요. 첫째와 둘째 돼지는 셋째 돼지 집으로 도망갔어요.

늑대는 셋째 돼지의 집도 찾아갔어요. 늑대가 훅훅 입김을 계속 불었지만, 벽돌집은 꼼짝도 하지 않았어요. 결국 늑대는 힘이 빠져서 셋째 돼지의 집 앞에서 물러갔어요. 아기 돼지들은 **안도**[*]의 한숨을 내쉬었지요. 그리고 아기 돼지 삼 형제는 셋째 돼지의 집에서 서로 도우며 오순도순 잘 살았답니다.

★ **짚단**: 짚을 묶어 놓은 것. '짚'은 벼의 열매인 '낟알'을 떨어지게 하고 남은 줄기와 잎.
★ **엮다**: 끈이나 줄을 어긋나게 묶다.
★ **안도**: 어떤 일이 잘 진행되어 마음을 놓음.

✎ 다음 중에서 적절한 발음을 찾아 ○표 하고, 소리 내어 읽어 보세요.

1 첫째

| 천째 | | 척째 | |

2 셋째

| 섿ː째 | | 쇄ː째 | |

✎ 읽은 글의 내용을 확인해 보세요.

1 다음 재료로 집을 만든 이를 빈칸에 쓰세요.

<small>내용 이해</small>

짚	나무판자	벽돌
☐☐ 돼지	☐☐ 돼지	☐☐ 돼지

2 이 글의 내용으로 알맞지 <u>않은</u> 것은 무엇인가요? (   )

<small>내용 분석</small>

① 늑대는 첫째 돼지와 둘째 돼지를 잡아먹었다.

② 늑대는 첫째 돼지와 둘째 돼지의 집을 날려 버렸다.

③ 아기 돼지 삼 형제는 결국 셋째 돼지의 집에서 같이 살았다.

3 집을 가장 튼튼하게 지은 이를 빈칸에 쓰세요.

<small>내용 평가</small>

☐☐ 돼지가 집을 가장 튼튼하게 지었다.

4 다음 문장의 빈칸에 어울리는 말을 연결하세요.

<small>어휘 표현</small>

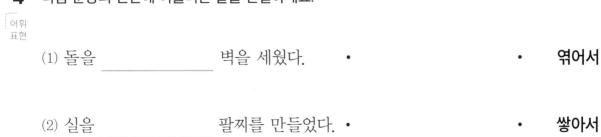

(1) 돌을 _____ 벽을 세웠다. •　　　　• **엮어서**

(2) 실을 _____ 팔찌를 만들었다. •　　　　• **쌓아서**

 달려요, 주워요, 플로깅!

오늘의 맞춤법 잘못 쓰기 쉬운 말 1 　다르다/틀리다, 시키다/식히다

'다르다'는 '서로 같지 않다.'라는 뜻이고, '틀리다'는 '사실이 아니거나 어긋나다.'라는 뜻이에요.
'시키다'는 '일을 하게 하다.'라는 뜻이고, '식히다'는 '더운 기운을 없애다.' 또는 '땀을 말리다.'라는 뜻이에요.

띄어쓰기 학습

✎ 띄어 쓰는 부분을 확인하고, 또박또박 따라 쓰세요.

다른 사람들과 플로깅 해요.

다	른	∨	사	람	들	과	∨	플	로	깅	∨	해	요	.

✎ 문장의 순서에 맞게 빈칸에 알맞은 숫자를 쓰세요.

잠깐	땀을	나눌까요?	식히고	이야기를
(1)	( )	( )	( )	( )

78

맞춤법·어휘 학습

✎ 다음 낱말의 반대말을 보기 에서 찾아 빈칸에 쓰세요.

보기   틀리다   시키다   다르다

1 같다 ⟺ [ ][ ][ ]   **2** 맞다 ⟺ [ ][ ][ ]

✎ 다음 문장의 빈칸에 어울리는 말을 연결하세요.

1 아빠가 뜨거운 국을 _____ .   •   •   **식혔어요.**

2 엄마가 아이에게 방 청소를 _____ .   •   •   **시켰어요.**

✎ 다음 문장에 들어갈 알맞은 말을 골라 ◯표 하고, 빈칸에 쓰세요.

1    나와 친구의 얼굴이   **다르다**   **틀리다**   .

➡ [ ][ ][ ]

2    시험에서 세 문제를   **달랐다**   **틀렸다**   .

➡ [ ][ ][ ]

독해력 학습 달려요, 주워요, 플로깅!

누군가 시키지 않아도 쓰레기를 즐겁게 주울 수 있는 방법이 있을까요? 플로깅은 달리면서 쓰레기를 줍는 **환경** 보호 운동이에요. 플로깅은 스웨덴어로 '줍다'를 뜻하는 '플로카 우프'와 영어로 '천천히 달리기'를 뜻하는 '조깅'이 합하여 이루어진 낱말이에요.

플로깅은 일반 달리기보다 운동 효과가 좋아요. 쓰레기를 줍기 위해 몸을 구부렸다 폈다 하면 다리 근육이 길러져요. 쓰레기를 들고 뛰다 보면 팔 근육도 길러지지요.

플로깅을 위한 준비물은 쓰레기봉투와 집게예요. 준비물이 참 간단하지요? 그래서 다른 사람들과 함께 바닷가, 산, 공원 등 어디에서나 손쉽게 즐길 수 있는 운동이지요. 플로깅을 열심히 하다가 힘이 들면 잠깐 쉬면서 땀을 식히고 이야기를 나누어도 좋아요.

＊**환경**: 생물에게 영향을 주는 자연적 조건이나 사회적 상황.

✎ 다음 중에서 적절한 발음을 찾아○표 하고, 소리 내어 읽어 보세요.

1 시키지

시키지	식키지

2 식히고

시키고	시히고

✎ 읽은 글의 내용을 확인해 보세요.

1 이 글은 무엇에 대해 설명하는 글인지 알맞은 것에 ○표 하세요.

중심
생각

조깅   캠핑   플로깅

(   )   (   )   (   )

2 플로깅에 대한 설명으로 알맞지 <u>않은</u> 것은 무엇인가요?   (   )

내용
이해

① 플로깅은 달리면서 쓰레기를 줍는 환경 보호 운동이다.

② 플로깅은 일반 달리기보다 운동 효과가 좋지 않다.

③ 플로깅의 준비물은 쓰레기봉투와 집게이다.

3 플로깅을 하는 방법으로 알맞은 것에 ○표 하세요.

내용
분석

(1) 쓰레기를 던지기 위해 팔을 구부렸다 폈다 해요.   (   )

(2) 쓰레기를 줍기 위해 몸을 구부렸다 폈다 해요.   (   )

4 다음 문장에 어울리는 말을 **보기** 에서 찾아 쓰세요.

어휘
표현

보기   효과   운동   환경

(1) ☐☐☐ 이 파괴되어 수많은 동물과 식물이 사라져요.

(2) 이 약은 ☐☐ 가 매우 좋아요.

3일 우리 가족을 소개합니다

미리
보기

할머니의 연세는 일흔 살

드시다

📣 오늘의 맞춤법 잘못 쓰기 쉬운 말 1 **나이/연세, 먹다/드시다**

높임말은 사람이나 물건을 높여서 이르는 말이에요. '께서', '연세', '드시다', '계시다'처럼 웃어른과 관련된 말은 높여 불러요. 반대로, '저', '저희'처럼 낮추는 말을 낮춤말이라고 해요.

띄어쓰기 학습

✎ 띄어 쓰는 부분을 확인하고, 또박또박 따라 쓰세요.

할머니께서는 연세가 많다.

할	머	니	께	서	는	∨	연	세	가	∨	많	다	.

✎ 문장의 순서에 맞게 빈칸에 알맞은 숫자를 쓰세요.

드신다.　　　할머니께서　　　약과를　　　달짝지근한　　　맛있게

(　　　)　(　　　)　(　　　)　(　　　)　(4)

맞춤법·어휘 학습

✎ 다음 문장에 들어갈 알맞은 말을 골라 ○표 하고, 빈칸에 쓰세요.

1   나이   연세   ➡ 동생의 ⬚⬚ 는 여섯 살이다.

2   나이   연세   ➡ 할아버지, ⬚⬚ 가 어떻게 되세요?

✎ 다음 낱말과 높임말을 알맞게 연결하세요.

높임말

1 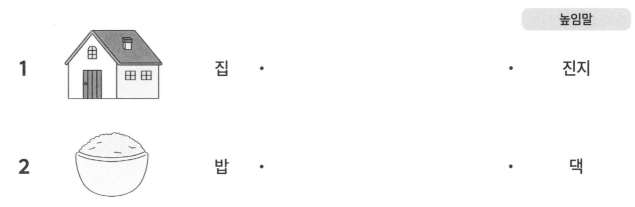 집 •   • 진지

2 밥 •   • 댁

✎ 회색 글씨를 따라 다음 낱말과 높임말을 따라 쓰세요.

높임말

1 아기가 방에 | 있 | 다 |. ⬌ 할아버지께서 방에 | 계 | 시 | 다 |.

2 내가 밥을 | 먹 | 다 |. ⬌ 할머니께서 진지를 | 드 | 시 | 다 |.

독해력 학습 우리 가족을 소개합니다

저희* 가족은 모두 다섯 명이에요. 할머니, 아빠, 엄마, 저*와 동생이 우리 집에서 함께 살고 있어요.

할머니의 연세는 **일흔*** 살이에요. 원래 할머니 댁은 다른 동네였지만, 작년부터 우리 집에 계시기로 했어요. 할머니는 약과를 드시는 것을 좋아해요.

아빠는 키가 크고, 목소리도 커요. 아빠는 책을 만드는 출판사에서 일해요. 아빠의 **취미***는 사진 찍기예요.

엄마는 약국에서 약을 지어 주는 약사예요. 엄마는 수많은 약 이름을 모두 기억하고, 돈 계산도 잘해요. 엄마는 목소리가 부드럽고 웃는 모습이 예뻐요.

제 남동생의 나이는 다섯 살이에요. 유치원에 다니는 동생은 축구를 좋아하고, 태권도를 잘해요. 동생의 꿈은 선생님이 되는 것이에요.

* **저희**: '우리'의 낮춤말.   * **저**: '나'의 낮춤말.
* **일흔**: 열의 일곱 배가 되는 수. 숫자로 70.   * **취미**: 즐기기 위하여 하는 일.

✏️ 다음 중에서 적절한 발음을 찾아 ○표 하고, 소리 내어 읽어 보세요.

1   연세   연쇠   연세

2   댁은   대근   대끈

✎ 읽은 글의 내용을 확인해 보세요.

1 글쓴이가 소개하지 <u>않은</u> 사람을 골라 ○표 하세요.

내용
이해

엄마   아빠   동생   할아버지   할머니

(   )   (   )   (   )   (   )   (   )

2 글쓴이가 소개한 내용이 <u>아닌</u> 것은 무엇인가요?   (   )

내용
이해

① 아빠의 직업   ② 엄마의 취미   ③ 동생의 꿈

3 소개하는 글을 읽으면 좋은 점을 골라 ○표 하세요.

내용
평가

(1) 글쓴이가 평소에 상상하는 일을 알 수 있어.   (   )

(2) 잘 몰랐던 사람이나 물건의 특징을 알 수 있어.   (   )

4 보기 의 뜻을 보고, 다음 문장에 알맞은 낱말을 쓰세요.

어휘
표현

보기   즐기기 위하여 하는 일.

내 ☐☐ 는 로봇 만들기, 색종이 접기이다.

4^일 강아지가 태어났어요

미리
보기

걱정되던 날

구름이가 새끼들을 낳았다.

📢 오늘의 맞춤법 잘못 쓰기 쉬운 말 1 -던/-든, -았-/-었-/-였-

'-던'은 지나간 과거의 어떤 상태를 뜻하고, '-든'은 어느 쪽이든 차이가 없을 때 사용하는 말이에요.
'-았-', '-었-', '-였-'은 모두 시간을 뜻하는 말 뒤에 붙어 지나간 과거를 나타내는 말이에요.

띄어쓰기 학습

✎ 띄어 쓰는 부분을 확인하고, 또박또박 따라 쓰세요.

구름이가 새끼들을 낳았다.

구	름	이	가	∨	새	끼	들	을	∨	낳	았	다	.

✎ 문장의 순서에 맞게 빈칸에 알맞은 숫자를 쓰세요.

걱정되던   구름이가   손톱을   나는   물어뜯었다.

(   ) (1   ) (   )(   ) (   )

맞춤법·어휘 학습

✎ 빈칸에 알맞은 글자를 써넣어 문장을 완성하세요.

1 밥이 [ ] 빵이 [ ] 아무것이나 주세요.

2 어제 먹 [ ] 치킨이 왜 사라졌을까?

✎ 빈칸에 알맞은 글자를 보기 에서 찾아 문장을 완성하세요.

보기   았   었   였

1  나는 바이올린 연습을 매일 열심히 하 [ ] 다.

2  친구가 나에게 맛있는 빵을 주 [ ] 다.

✎ 다음 문장에서 알맞은 말을 골라 ○표 하세요.

1 나는   **사과든 배든**   **사과던 배던**   다 좋아한다.

2 제가 어렸을 때 저 집에서   **살았어요**   **살었어요**   .

독해력 학습 강아지가 태어났어요

지난 토요일 아침, 우리 집 개 구름이가 낑낑대는 소리에 잠에서 깼다.

"구름이를 만지면 안 돼."

오빠는 개가 새끼들을 낳을 때는 최대한 모른 척해야 한다고 말하였다. 나는 얼마나 구름이가 걱정되던지 손톱을 물어뜯었다. 눈물도 나올 것 같았다.

그렇게 한 시간쯤 지나자 구름이가 새끼를 낳았다. 아주 작고 귀여운 강아지였다. 첫 번째 강아지가 나오고, 얼마 지나지 않아 세 마리가 더 나왔다! 아파하던 구름이는 괜찮아진 것 같았다. 강아지들은 눈을 감은 채 구름이의 젖을 열심히 먹었다. 구름이와 강아지들이 건강해 보여 참 다행스럽다.

"강아지들은 2~3주 정도 지나면 눈을 떠서 앞을 볼 수 있어. 그때부터 걷기 시작하고 소리도 들을 수 있단다."

아빠께서 말씀하셨다. 구름이는 우리 집 막내였는데 이제 엄마가 되었다. 식구들이 늘어 기쁘고 설렌다. 구름이와 새끼들을 잘 보살펴야겠다.

✎ 다음 중에서 적절한 발음을 찾아 ○표 하고, 소리 내어 읽어 보세요.

1 같았다   가탇따   가탑따

2 강아지였다   강아지역따   강아지열따

✎ 읽은 글의 내용을 확인해 보세요.

1 어떤 일에 대해 쓴 글인지 빈칸에 알맞은 말을 쓰세요.
내용
이해
➡ 집에서 기르는 [ ] 가 새끼들을 [ ] 일

2 이 글에서 글쓴이가 겪은 일이 <u>아닌</u> 것에 X표 하세요.
내용
이해
(1) 개가 낑낑대는 소리를 듣고 잠에서 깼다. ( )

(2) 강아지들이 어미의 젖을 먹는 모습을 보았다. ( )

(3) 강아지들이 눈을 뜨고 걷는 모습을 보았다. ( )

3 이 글에 대한 설명으로 알맞지 <u>않은</u> 것은 무엇인가요? ( )
내용
분석
① 글쓴이의 경험이 나타나 있다.
② 글쓴이의 상상이 나타나 있다.
③ 글쓴이의 생각과 느낌이 나타나 있다.

4 다음 뜻과 낱말을 알맞게 연결하세요.
어휘
표현
(1) 병이나 상처 등이 고쳐져 본래대로 되다. • **낫다**

(2) 아기, 새끼, 알 등을 몸 밖으로 내보내다. • **낳다**

 5^일 삼촌, 내일 뵈어요

📢 **오늘의 맞춤법** 잘못 쓰기 쉬운 말 1 　**봬요/뵈어요, 안-/않-**

'봬요'는 '뵈어요'를 줄여서 표현한 준말이에요. '봬요', '뵈어요'는 '보아요'의 높임말이에요.
'안'은 '안 하다'처럼 쓰이고, '-않-'은 '그렇지 않다'처럼 쓰여요.

💬 **띄어쓰기 학습**

✎ 띄어 쓰는 부분을 확인하고, 또박또박 따라 쓰세요.

삼촌, 그럼 내일 뵈어요.

삼	촌	,		그	럼	∨	내	일	∨	뵈	어	요	.

✎ 문장의 순서에 맞게 빈칸에 알맞은 숫자를 쓰세요.

안　　　　안 돼요.　　　오시면-　　　삼촌,

(　　　) (　　　) (　　　) (1 　)

90

맞춤법·어휘 학습

✎ 회색 글씨를 따라 다음 낱말과 높임말을 따라 쓰세요.

높임말

1 보 다 ⟷ 뵙 다 또는 뵈 다

2 보 아 요 ⟷ 뵈 어 요 또는 봬 요

✎ 다음 문장에서 알맞은 말을 골라 ○표 하세요.

1  아기가 강아지를   보아요   뵈어요   .

2  학생이 선생님을   뵙다   봅다   .

✎ 다음 문장에 들어갈 알맞은 말을 골라 ○표 하고, 빈칸에 쓰세요.

1   안   않   나는 어두운 밤이 [ ] 무섭다.

2   안다   않다    나는 어두운 밤이 무섭지 [ ].

독해력 학습 삼촌, 내일 뵈어요

일주일에 한 번, 삼촌은 희준이네 집에 와요. 희준이는 이 날을 **손꼽아 기다려요**.*
희준이는 삼촌을 보고 싶은 마음에 문자 메시지를 보냈어요.

희준

삼촌, 내일 우리 집에 오실 거죠?
안 오시면 절대로 않 돼요. 내일 꼭 뵈요.

잠시 후에 삼촌에게 반가운 답장이 왔어요.

삼촌

희준아, 내일 꼭 갈게. 그런데 희준이가 보낸 메시지
에 틀린 글자가 있네. '않 돼요'가 아니라 '안 돼요'라
고 쓰는 거야. '안'은 '아니'가 줄어서 된 말이거든.

그리고 '뵈어요'의 준말은 '봬요'야. 그래서 '뵈어요'
또는 '봬요'라고 써야 해. 기억할 수 있지?

* **손꼽아 기다리다**: 기대에 차 있거나 안타까운 마음으로 날짜를 꼽으며 기다리다.
　　'손꼽다'는 '손가락을 하나씩 구부리며 수를 헤아리다.'라는 뜻.

✎ 다음 중에서 적절한 발음을 찾아 ○표 하고, 소리 내어 읽어 보세요.

1　**안 돼요**　　　안 돼요　　　　　알 돼요

2　**뵈어요**　　　배:어요　　　　　뵈:어요

✎ 읽은 글의 내용을 확인해 보세요.

1 희준이의 문자 메시지를 바르게 고친 것에 ◯표 하세요.

중심
생각

**안 오시면 절대로 안 돼요.
내일 꼭 뵈어요.**

(   )

**안 오시면 절대로 않 돼요.
내일 꼭 봬요.**

(   )

2 이 글의 내용으로 알맞지 <u>않은</u> 것은 무엇인가요?   (   )

내용
이해

① 삼촌은 일주일에 두 번 희준이네 집에 온다.

② 희준이는 삼촌이 집에 오는 날을 기다린다.

③ 삼촌은 희준이가 잘못 쓴 글자를 가르쳐 주었다.

3 삼촌의 문자 메시지에 대한 희준이의 답장으로 알맞은 것에 ◯표 하세요.

창의

네, 삼촌, 기억할게요.

(   )

아니에요, 삼촌, 괜찮아요.

(   )

4 다음 빈칸에 알맞은 말을 써넣어 문장을 완성하세요.

어휘
표현

➡ 나는 가족과 놀이동산에 가는 날을   기다리고 있다.

맞춤법에 맞는 말을 따라가요!

✎ 맞춤법에 맞게 쓰인 말을 따라 선을 그으며 길을 찾아가세요.

📖 정답 27쪽

5 주

 1일 빨강 부채, 파랑 부채

📢 **오늘의 맞춤법** 잘못 쓰기 쉬운 말 2 작다/적다, 바라다/바래다

'작다'는 크기나 길이, '적다'는 수나 양과 관련 있어요. '작아지다'는 '작은 상태로 되다.'라는 뜻이에요.
'바라다'는 '원하다'라는 뜻이고, '바래다'는 '볕이나 습기 때문에 색이 변하다.'라는 뜻이에요.

띄어쓰기 학습

✎ 띄어 쓰는 부분을 확인하고, 또박또박 따라 쓰세요.

작은 부채 두 자루가 있다.

작	은	∨	부	채	∨	두	∨	자	루	가	∨	있	다	.

✎ 문장의 순서에 맞게 빈칸에 알맞은 숫자를 쓰세요.

되기를   나무꾼은   부자가   바랐다.

(　) (1) (　) (　)

맞춤법·어휘 학습

✎ 앞의 말에 이어질 말을 연결하세요.

1 아이가 소원이 이루어지길 •

• **바래다.**

2 옷이 오래되어 색이 •

• **바라다.**

✎ 다음 낱말의 반대말을 보기 에서 찾아 빈칸에 쓰세요.

보기	작다	잡다	적다	젓다

1 많다 ⟺ [ ] **2** 크다 ⟺ [ ]

✎ 다음 문장에 들어갈 알맞은 말을 골라 ○표 하고, 빈칸에 쓰세요.

1 혼이 날까 봐 무서워서 목소리가 점점 **적어졌다**   **작아졌다** .

➡ [ ]

2 방학 동안에 즐겁게 보내길 **바라요**   **바래요** .

➡ [ ]

옛날 어느 마을에 꾀가 많은 나무꾼이 살았어요. 어느 날, 나무꾼이 산에서 작은 부채 두 자루를 발견했어요. 빨강 부채와 파랑 부채였지요. 나무꾼이 땀을 식히려고 빨강 부채를 들고 팔랑팔랑 부채질을 하는데, 갑자기 코가 쑥쑥 커졌어요.

나무꾼은 깜짝 놀라 파랑 부채를 부쳤어요. 그러자 코가 점점 작아졌어요.

"세상에 이럴 수가! 요술 부채로 부자가 될 수 있겠어!"

나무꾼은 부자가 되려는 욕심이 생겼어요. 마침, 마을에서 부자 **영감***의 생일잔치가 열렸어요. 나무꾼은 영감의 옆에서 빨강 부채를 살살 흔들었어요. 나무꾼이 바란 대로 영감의 코는 조금씩 커졌지요.

며칠 후, 부자 영감이 **앓아누웠다***는 소문이 퍼졌어요. 나무꾼은 **용한*** 약을 가져왔다고 영감을 속이고, 파랑 부채를 살살 부쳤어요. 코가 작아진 영감은 크게 기뻐하며 나무꾼에게 금은보화를 잔뜩 주었어요.

부자가 된 나무꾼은 심심해져서 코를 하늘까지 늘려 보았어요. 옥황상제가 하늘까지 올라온 코를 보고 화를 버럭 내었지요.

"당장 저놈을 밧줄로 묶어라!"

코가 꽁꽁 묶인 나무꾼은 점점 하늘로 올라갔어요. 나무꾼이 파랑 부채를 급히 부치자 코가 점점 작아져서 그만 쿵! 땅으로 떨어지고 말았어요.

* **영감**: 지위가 높은 사람을 높여 부르는 말. 또는 중년이 지난 남자를 대접하여 부르는 말.
* **앓아눕다**: 병에 걸려 고통을 겪거나 걱정하는 마음이 있어서 자리에 눕다.　　* **용하다**: 재주가 뛰어나고 특이하다.

✎ 다음 중에서 적절한 발음을 찾아 ○표 하고, 소리 내어 읽어 보세요.

1 작은　　　　자근　　　　　　작근

2 바라는　　　　바래는　　　　　　바라는

✎ 읽은 글의 내용을 확인해 보세요.

1 이 글의 내용에 알맞은 것끼리 연결하세요.

내용
이해

(1) **빨강 부채** •

(2) **파랑 부채** •

• 코를 커지게 한다.

• 코를 작아지게 한다.

2 나무꾼이 한 일이 <u>아닌</u> 것은 무엇인가요?   (   )

내용
분석

① 산에서 빨강 부채와 파랑 부채를 주웠다.

② 빨강 부채를 흔들어 부자 영감의 코를 커지게 했다.

③ 용한 약을 가져다주어 부자 영감의 병을 고쳐 주었다.

3 나무꾼의 성격으로 알맞지 <u>않은</u> 것에 ◯표 하세요.

내용
평가

꾀가 많다.   **욕심이 많다.**   **이해심이 많다.**

(   )   (   )   (   )

4 다음 뜻에 알맞은 낱말을 보기 에서 찾아 빈칸에 쓰세요.

어휘
표현

| 보기 | 살살 | 쑥쑥 | 싹싹 |

(1) 갑자기 많이 커지거나 자라는 모양. ➡

(2) 남이 모르게 살그머니 행동하는 모양. ➡

2^일 개미의 의사소통

냄새로 먹이가 있는 쪽을 가리키다

땅에 배를 대다

오늘의 맞춤법 잘못 쓰기 쉬운 말 2 　가르치다/가리키다, 대다/데다

'가르치다'는 '알려 주다.'라는 뜻이고, '가리키다'는 '손가락 등으로 집어서 보이거나 말하다.'라는 뜻이에요.
'대다'는 '무엇을 어디에 닿게 하다.'라는 뜻이고, '데다'는 '뜨거운 것에 살이 상하다.'라는 뜻이에요.

띄어쓰기 학습

✎ 띄어 쓰는 부분을 확인하고, 또박또박 따라 쓰세요.

냄새가 길을 가리켜요.

냄	새	가	∨	길	을	∨	가	리	켜	요	.

✎ 문장의 순서에 맞게 빈칸에 알맞은 숫자를 쓰세요.

끝부분을　　　개미는　　　대요.　　　땅에　　　배의

(　　　)　　(　　　)　　(　　　)　(　4　)(　　　)

맞춤법·어휘 학습

✎ 다음 문장에 들어갈 알맞은 말을 골라○표 하고, 빈칸에 쓰세요.

1  아이가 떨어지는 별을 **가르치다** **가리키다** .

2  선생님께서 노래를 **가르치다** **가리키다** .

✎ 빈칸에 알맞은 글자를 써넣어 문장을 완성하세요.

1 의자에 엉덩이를 □ 고 똑바로 앉았다.

2 동생이 뜨거운 냄비에 손을 □ 어 병원에 갔다.

✎ 다음 밑줄 친 부분을 바르게 고친 것을 골라○표 하세요.

1 시계가 9시를 <u>가르치고</u> 있다. **가르치고** **가리키고**

2 의자에 등을 똑바로 <u>대고</u> 앉아요. **데고** **대고**

지문 듣기

개미는 서로 어떻게 **의사소통**[*]을 할까요? 개미는 주로 몸에서 나오는 '페로몬'이라는 화학 물질로 동료 개미에게 신호를 보내요. 개미는 다양한 종류의 페로몬을 만들어 낼 수 있고, 다른 개미가 뿌린 페로몬 냄새를 더듬이로 맡을 수 있어요.

개미는 먹이를 발견하면 배의 끝부분을 땅에 대고 페로몬을 뿌리며 집으로 돌아와요. 동료 개미에게 먹이의 위치를 가리키기 위해 냄새 길을 만드는 거예요. 동료 개미는 냄새 길을 따라가 먹이를 찾고, 냄새 길에 똑같이 페로몬을 뿌려요. 이렇게 하면 냄새 길이 사라지지 않아요. 그런데 냄새 길 끝의 먹이를 다른 개미들이 다 가져가서 더 이상 먹이가 없다면 개미는 페로몬을 뿌리지 않아요. 그러면 냄새 길이 사라지지요.

개미는 위험에 처해 도움을 요청할 때엔 **경보**[*] 페로몬을 뿌려요. 동료 개미들은 경보 페로몬 냄새를 맡고 순식간에 위기에 처한 개미에게 모여들어요. 이처럼 개미들은 자기들만의 방식으로 의사소통을 해요.

[*] **의사소통**: 가지고 있는 생각이나 뜻이 서로 통함.
[*] **경보**: 위험한 일을 미리 알리는 일. 또는 그 신호.

✎ 다음 중에서 적절한 발음을 찾아 ○표 하고, 소리 내어 읽어 보세요.

1 대고

대고		되고	

2 가리키기

가르키기		가리키기	

✎ 읽은 글의 내용을 확인해 보세요.

1 이 글은 무엇을 설명하는 글인지 빈칸에 알맞은 말을 쓰세요.

중심
생각

➡ 개미가 | | | | | 하는 방법

2 이 글에서 설명한 내용으로 알맞지 <u>않은</u> 것은 무엇인가요?　　　　　　　　　　(　　)

내용
이해

① 개미는 페로몬으로 냄새 길을 만든다.

② 개미는 다양한 종류의 페로몬을 만든다.

③ 개미가 만든 냄새 길은 시간이 지나도 영원히 사라지지 않는다.

3 개미가 페로몬을 뿌리는 상황으로 알맞지 <u>않은</u> 것에 ○표 하세요.

내용
분석

먹이의 위치를 알려 주는 상황	위험에 처해 도움을 요청하는 상황	집에 가는 시간을 알려 주는 상황
(　　)	(　　)	(　　)

4 다음 문장에서 알맞은 말을 골라 ○표 하세요.

어휘
표현

(1) 하늘에서 비를　　**뿌리고**　　　　**부르고**　　있다.

(2) 친구가 땅속 보물을　　**발명하고**　　　　**발견하고**　　크게 소리쳤다.

 3일 늘 한가위만 같아라

빚다

늦은 밤

📢 **오늘의 맞춤법** 잘못 쓰기 쉬운 말 2 **빚다/빗다, 늦다/늘다**

'빚다'는 '재료를 반죽해서 모양을 만들다.'라는 뜻이고, '빗다'는 '털을 빗으로 고르다.'라는 뜻이에요. '늦다'는 '정해진 때보다 지나다.'라는 뜻이고, '늘다'는 '길이, 넓이가 커지다.' 또는 '양이 많아지다.'라는 뜻이에요.

💬 **띄어쓰기 학습**

✎ 띄어 쓰는 부분을 확인하고, 또박또박 따라 쓰세요.

송편을 예쁘게 빚어요.

송	편	을	∨	예	쁘	게	∨	빚	어	요	.

✎ 문장의 순서에 맞게 빈칸에 알맞은 숫자를 쓰세요.

밤에   보름달을   빌어요.   소원을   보며

(1)   (   )   (   )   (   )

맞춤법·어휘 학습

✎ 다음 문장에 어울리는 낱말을 보기 에서 찾아 쓰세요.

보기	빗고	빚고

1 도예가가 도자기를 ⬚⬚ 있다.

2 언니가 긴 머리를 ⬚⬚ 있다.

✎ 다음 문장의 빈칸에 어울리는 말을 연결하세요.

1 버스가 안 와서 학교에 _____. • • **늘었다**

2 간식을 많이 먹어서 몸무게가 _____. • • **늦었다**

✎ 다음 문장에 들어갈 알맞은 말을 골라 ○표 하고, 빈칸에 쓰세요.

1 나는 엄마와 함께 만두를 **빗었다** **빚었다** . ➡ ⬚⬚⬚⬚

2 그림 실력이 많이 **늘었다** **늦었다** . ➡ ⬚⬚⬚⬚

지문 듣기

　　음력[*]8월 15일은 우리나라의 대표적인 명절인 추석이에요. 추석이라는 말은 가을의 달빛이 가장 좋은 밤이라는 뜻을 지녀요. 추석은 한가위라고도 불리지요.

　　가을은 한 해 동안 기른 곡식을 거두어들이는 계절이에요. 그래서 옛날부터 추석 무렵에는 먹거리가 넉넉했어요. '더도 말고 덜도 말고 늘 한가위만 같아라.'라는 속담도 있지요. 늘 한가위처럼 잘 먹고 즐겁게 지내기를 바라는 말이에요.

　　추석 전에는 친척들이 한자리에 모여 **햇곡식**[*], 햇과일로 차례 음식을 준비해요. 또 다 같이 둘러앉아 송편도 예쁘게 빚어요. 송편은 쌀가루로 만든 반죽 속에 깨, 콩, 팥 등을 넣고, 반달 모양으로 빚어 솔잎을 깔고 찌는 떡이에요.

　　추석날 아침에는 정성껏 준비한 음식을 상에 차려 놓고 차례를 지내요. 낮에는 **성묘**[*]를 가지요. 그리고 늦은 밤에는 밝고 둥근 보름달을 보며 소원을 빌어요.

＊**음력**: 달을 기준으로 하는 달력 체계.
＊**햇곡식**: 그해에 난 곡식. '햇-'이 붙으면 '그해에 난'이라는 뜻을 더함.
＊**성묘**: 조상의 산소를 찾아가서 돌보는 일.

✎ 다음 중에서 적절한 발음을 찾아○표 하고, 소리 내어 읽어 보세요.

1	빚어요	비저요	비더요
2	늦은	느든	느즌

✎ 읽은 글의 내용을 확인해 보세요.

1 이 글에서 설명하지 <u>않은</u> 것을 골라 ○표 하세요.

내용
이해

추석에 하는 일	추석에 입는 옷	추석에 먹는 음식
( )	( )	( )

2 이 글의 내용으로 알맞지 <u>않은</u> 것은 무엇인가요?　　　　　　(　　)

내용
분석

① 추석은 음력 8월 15일이며 한가위라고도 불린다.

② 추석 전에는 햇곡식, 햇과일로 차례 음식을 준비한다.

③ 추석날 밤에는 눈썹 같은 초승달을 보며 소원을 빈다.

3 보기 의 속담에 담긴 의미로 알맞은 것을 골라 ○표 하세요.

내용
이해

보기	더도 말고 덜도 말고 늘 한가위만 같아라.

(1) 늘 한가위처럼 잘 먹고 즐겁게 지내기를 바란다.　　　　　　(　　)

(2) 한가위에는 씨를 뿌리며 곡식이 잘 자라기를 바란다.　　　　　　(　　)

4 다음 뜻에 알맞은 낱말을 보기 에서 찾아 빈칸에 쓰세요.

어휘
표현

보기	음력	송편	성묘

(1) 달을 기준으로 하는 달력 체계.　　　➡

(2) 조상의 산소를 찾아가서 돌보는 일.　　　➡

방귀가 나오는 이유

📢 **오늘의 맞춤법** 잘못 쓰기 쉬운 말 2   **웬/왠지, 뀌다/꾸다**

'웬'은 '어찌 된' 또는 '어떠한'의 뜻이고, '왠지'는 '왜 그런지 모르게.'의 뜻이에요. '뀌다'는 '방귀 등을 몸 밖으로 내보내다.'라는 뜻이고, '꾸다'는 '나중에 갚기로 하고 남의 것을 빌려 쓰다.'라는 뜻이에요.

띄어쓰기 학습

🖊 띄어 쓰는 부분을 확인하고, 또박또박 따라 쓰세요.

왠지 방귀가 나오려고 해.

왠	지	∨	방	귀	가	∨	나	오	려	고	∨	해	.

🖊 문장의 순서에 맞게 빈칸에 알맞은 숫자를 쓰세요.

뽕뽕   방귀를   말았어.   뀌고   나는

(3)   (   )   (   )   (   )   (   )

맞춤법·어휘 학습

✎ 다음 문장에서 빈칸에 들어갈 알맞은 글자를 골라 ∨표 하세요.

1 우리 집 앞에 ▢ 아이가 서 있다. ➡ ▢ 웬 ▢ 왠

2 오늘은 ▢ 친구가 멋있어 보인다. ➡ ▢ 웬지 ▢ 왠지

✎ 다음 문장에 들어갈 알맞은 말을 골라 ○표 하고, 빈칸에 쓰세요.

1 지갑을 잃어버려서 친구에게 돈을 **꾸었다** **뀌었다** .

2 **왠일로** **웬일로** 이렇게 일찍 일어났니?

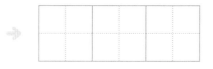

✎ 다음 문장에서 맞춤법에 맞는 말을 골라 ○표 하세요.

1  오빠가 **왠지** **웬지** 표정이 좋지 않아 보인다.

2  스컹크가 냄새가 독한 방귀를 **꾼다** **뀐다** .

　　사람이 많고 조용한 곳에서 왠지 방귀가 나오려고 하면 당황스러워요. 방귀는 왜 나오는 걸까요?

　　우리는 음식을 먹을 때 공기도 함께 삼켜요. 삼킨 공기가 가스와 함께 입을 통해 나오는 것이 트림이에요. 그리고 삼킨 공기가 장 속의 **세균**[*]이 음식물 찌꺼기를 **분해**[*] 하면서 만들어지는 가스와 섞여 항문으로 나오는 것이 방귀예요.

　　그래서 방귀 냄새는 우리가 먹는 음식에 따라 달라져요. 고기나 우유, 콩 등을 많이 먹으면 방귀 냄새가 지독해져요.

　　또 방귀는 음식을 많이 먹거나 소화가 잘되지 않을 때 많이 나와요. 그렇지만 방귀를 참으면 방귀가 몸속에 남게 되어 건강에 좋지 않아요. 반면에 신선한 채소와 과일, 요구르트를 많이 먹거나 물을 많이 마시면 몸속 가스가 적어져서 방귀를 덜 뀌게 되어요.

＊**세균**: 다른 생물의 몸에 살면서 병을 일으키는 아주 작은 생물.
＊**분해**: 여러 부분이 모여 이루어진 것을 하나하나씩 나눔.

✎ 다음 중에서 적절한 발음을 찾아 ○표 하고, 소리 내어 읽어 보세요.

1　　왠지　　　　　　　왜지　　　　　　　왠지

2　　뀌게　　　　　　　꾸게　　　　　　　뀌게

✎ 읽은 글의 내용을 확인해 보세요.

1 방귀가 나오는 이유는 무엇인지 빈칸에 알맞은 말을 쓰세요.

중심
생각

➡ 입으로 들어간 공기가 장 속 [ ][ ] 와 섞여 항문으로 나오기 때문이다.

2 이 글의 내용으로 맞으면 ○표 하고, 틀리면 X표 하세요.

내용
이해

(1) 장 속 세균이 음식물 찌꺼기를 분해하면서 가스가 만들어진다. (   )

(2) 방귀는 음식을 많이 먹거나 소화가 잘되지 않을 때 많이 나온다. (   )

(3) 방귀를 참으면 방귀가 몸속에 남아 건강에 좋다. (   )

3 방귀를 덜 뀔 수 있는 방법으로 알맞지 <u>않은</u> 것에 ○표 하세요.

내용
분석

채소와 과일, 요구르트를 많이 먹는다.	고기나 콩, 우유를 많이 먹는다.
( )	( )

4 다음 뜻과 낱말을 알맞게 연결하세요.

어휘
표현

(1) 여러 부분이 모여 이루어진 것을 하나하나씩 나눔. •   • **세균**

(2) 다른 생물의 몸에 살면서 병을 일으키는 아주 작은 생물. •   • **분해**

5일 맛있는 장조림 만들기

절이다

센 불

오늘의 맞춤법 잘못 쓰기 쉬운 말 2　**절이다/조리다, 세다/새다**

'절이다'는 '소금, 간장 등에 담가 간이 배어들게 하다.'의 뜻이고, '조리다'는 '재료를 물에 넣고 계속 끓여서 양념이 배게 하다.'의 뜻이에요. '세다'는 '힘이 많다.'의 뜻이고, '새다'는 '틈으로 나오다.'의 뜻이에요.

띄어쓰기 학습

✎ 띄어 쓰는 부분을 확인하고, 또박또박 따라 쓰세요.

소고기를 설탕물에 절여요.

소	고	기	를	∨	설	탕	물	에	∨	절	여	요	.

✎ 문장의 순서에 맞게 빈칸에 알맞은 숫자를 쓰세요.

설탕을　　　간장과　　　조려요.　　　육수에　　　넣고

(　　)　(　　)　(　　)　(1)　(　　)

112

맞춤법·어휘 학습

✏️ 다음 그림에 알맞은 말을 골라 ○표 하세요.

1  배추를 소금에 **저리다** **절이다** .

2  멸치를 간장에 **조리다** **졸이다** .

✏️ 다음 문장에서 알맞은 말을 골라 ○표 하세요.

1 복숭아를 설탕물에 **절여요** **저려요** .

2 무서운 영화를 보면서 가슴을 **졸여요** **조려요** .

✏️ 앞의 말에 이어질 말을 연결하세요.

1   오늘은 바람이 • • **세다.**

2  수도꼭지에서 물이 • • **새다.**

지문 듣기

진이가 가장 좋아하는 반찬은 장조림이에요. 진이는 장조림을 직접 만들어 보기로 결심했어요. 그래서 인터넷으로 장조림 만드는 방법을 검색해 보았어요. 진이는 장조림 만드는 영상을 보며 장조림 만드는 방법을 열심히 적었어요.

장조림 만드는 방법

1. 소고기를 설탕물에 넣고 1시간 동안 절여요.

2. 설탕물에서 뺀 고기를 냄비에 넣고, 물을 채워요. 냄비에 배, 대파, 버섯, 마늘, 고추를 넣고 5분 동안 센 불에 **삶아요**.*

3. 삶은 고기를 꺼내 잠시 식힌 다음, 고기를 손으로 잘게 찢어요.

4. 고기를 삶았던 육수에 잘게 찢은 고기, 간장, 설탕을 넣고 30분 동안 조려요.

5. 장조림을 냄비에서 꺼내 예쁜 그릇에 담아요.

완성!

진이가 쓴 메모를 읽고, 엄마는 깜짝 놀랐어요.

"우리 진이는 멋진 요리사구나! 엄마와 같이 당장 만들어 보자!"

* **삶다**: 물에 넣고 끓이다.

🖋 다음 중에서 적절한 발음을 찾아○표 하고, 소리 내어 읽어 보세요.

1   절여요

절려요	저려요

2   센 불에

센 부레	쎈 부레

✎ 읽은 글의 내용을 확인해 보세요.

1 진이가 영상을 보고 적은 내용을 골라 ○표 하세요.

장조림의 유래	장조림과 비슷한 음식	장조림을 만드는 방법
( )	( )	( )

2 장조림을 만드는 과정의 순서대로 빈칸에 알맞은 번호를 쓰세요.

소고기 절이기	30분 동안 조리기	소고기 잘게 찢기	5분 동안 삶기
( )	( )	( )	( )

3 장조림의 재료가 <u>아닌</u> 것을 골라 X표 하세요.

소고기	대파	설탕	배추	간장

4 다음 문장의 빈칸에 어울리는 말을 연결하세요.

(1) 계란을 끓는 물에 _____ . •   • **식히다**

(2) 뜨거운 물을 차갑게 _____ . •   • **삶다**

알쏭달쏭 낱말 퍼즐을 맞혀라!

✎ 다음 빈칸에 들어갈 알맞은 말을 글자판에서 찾아 ○로 묶고, 빈칸에 쓰세요.

Tip 가로 또는 세로로 이어지는 낱말을 찾아보세요.

가	리	키	왠	방
르	바	웬	지	귀
치	라	조	리	다
다	다	절	이	다

1. 어떻게 되었으면 하고 기대하거나 원하다.

2. 누구에게 지식이나 기술 등을 일러 주어 알게 하다.

3. 왜 그런지 모르게.

4. 채소 등을 소금이나 설탕 등에 담가 간이 배어들게 하다.

5. 재료를 물에 넣고 계속 끓여서 양념이 배게 하다.

📖 정답 28쪽

초끝

초등 공부
시작부터
끝까지!

정답

맞춤법 +
어휘 + 독해

1 단계

초등 1~2학년

메가스터디BOOKS

초등 공부 시작부터 끝까지!

맞춤법 + 어휘 + 독해

정답

1 단계

초등 1~2학년

1일

국어 창작 동화

문어야, 꼭꼭 숨어라!

(미리 보기)

먹이

속이다

문어

[오늘의 맞춤법] 받침이 뒤로 넘어가서 소리 나는 말 ㄱ, ㄴ 받침

ㄱ, ㄴ 받침이 뒤에 오는 'ㅇ'과 만나면 뒷말 첫소리로 이어져 '먹이'는 [머기], '속이다'는 [소기다], '문어'는 [무너]로 발음해요.

띄어쓰기 학습

✎ 띄어 쓰는 부분을 확인하고, 또박또박 따라 쓰세요.

문어는 상어의 눈을 속였다.

문	어	는	∨	상	어	의	∨	눈	을	∨	속	였	다	.

✎ 문장의 순서에 맞게 빈칸에 알맞은 숫자를 쓰세요.

먹이를	문어는	둘러보았다.	찾으려고	주변을
(2)	(1)	(5)	(3)	(4)

8

맞춤법·어휘 학습

✎ 다음 문장에서 알맞은 말을 골라 ○표 하세요.

1 동생이 나를　**솔였다**　(**속였다**).

2 어미 새가 새끼 새들에게　(**먹이**)　**머기**　를 먹인다.

✎ 빈칸에 알맞은 글자를 보기에서 찾아 문장을 완성하세요.

보기　　문　속　먹

1 | 문 | 어가 사육사가 주는 | 먹 | 이를 덥석 물었다.

2 여우의 거짓말에 곰이 깜빡 | 속 | 았어요.

✎ 다음 문장에 들어갈 알맞은 말을 골라 ○표 하고, 빈칸에 쓰세요.

1 지난 일요일에 까미가　(**목욕**)　**모곡**　을 했다.
→ | 목 | 욕 |

2 국인　(**군인**)　이 멋진 군복을 입고 있다.
→ | 군 | 인 |

독해력 학습 　문어야, 꼭꼭 숨어라!

(지문 듣기)

　인도네시아 바다에 사는 문어는 항상 **코코넛**＊ 껍데기를 들고 다니지요. 문어는 먹이를 찾기 위해 주변을 둘러보았어요. 그런데 멀리서 커다란 상어가 천천히 다가오고 있었어요.
　"상어다! 몸을 숨겨야겠어."
　문어는 코코넛 껍데기 속에 쏙 들어갔어요. 그러자 마치 코코넛이 바닥 위에 있는 것 같았어요. 문어는 상어의 눈을 **감쪽같이**＊ 속인 셈이지요. 상어가 눈앞에서 사라지자 문어는 코코넛 껍데기에서 나와 바닷속을 돌아다녔어요.
　그러던 중에 바위틈에서 회색빛 가오리가 튀어나왔어요. 깜짝 놀란 문어는 가오리에게 먹물을 내뿜고 재빨리 도망쳤어요.
　"앗, 이게 뭐야? 앞이 하나도 안 보여!"
　가오리는 문어를 놓치고 말았지요.
　"휴, 살았다."
　문어는 놀란 **가슴을 쓸어내렸어요.**＊

＊ **코코넛**: 코코야자의 열매. 열매 속에는 달콤한 코코넛밀크가 있음.
＊ **감쪽같이**: 꾸미거나 고친 것이 전혀 알아챌 수 없을 정도로 티가 나지 않게.
＊ **가슴을 쓸어내리다**: 곤란한 일이나 걱정 등이 해결되어 마음을 편안하게 하다.

✎ 다음 중에서 적절한 발음을 찾아 ○표 하고, 소리 내어 읽어 보세요.

1 문어　무거 [　]　무너 [○]

2 속이다　소기다 [○]　소키다 [　]

10

✎ 읽은 글의 내용을 확인해 보세요.

1 이 글의 내용으로 알맞은 것을 골라 ○표 하세요.
　(1) 문어는 상어를 발견하고 재빨리 도망쳤어요.　(　)
　(2) 문어는 상어를 발견하고 코코넛 껍데기 속에 몸을 숨겼어요.　(○)

2 문어가 코코넛 껍데기를 항상 들고 다니는 이유는 무엇일까요?　(3)
　① 상어가 싫어하는 과일이기 때문에
　② 가장 맛있게 먹는 과일이 코코넛이기 때문에
　③ 다른 생물의 눈을 피해 자신의 몸을 숨겨야 하기 때문에

3 문어는 가오리가 바위틈에서 튀어나오자 어떻게 행동하였는지 빈칸에 알맞은 말을 쓰세요.
　→ 가오리에게 | 먹 | 물 | 을 내뿜고 재빨리 | 도 | 망 | 쳤어요.

4 보기의 뜻을 보고, 다음 문장에 알맞은 낱말을 쓰세요.

보기　　꾸미거나 고친 것이 전혀 알아챌 수 없을 정도로 티가 나지 않게.

노인은 깨진 도자기를 | 감 | 쪽 | 같 | 이 | 붙여 놓았다.

2일

통합 설명문

봄을 알리는 꽃

미리보기

벌어지다

돌아나다

나들이

오늘의 맞춤법 받침이 뒤로 넘어가서 소리 나는 말 ㄷ, ㄹ 받침

ㄷ, ㄹ 받침이 뒤에 오는 'ㅇ'과 만나면 뒷말 첫소리로 이어져 '돌아나다'는 [도다나다], '나들이'는 [나드리], '벌어지다'는 [버러지다]로 발음해요.

띄어쓰기 학습

✏️ 띄어 쓰는 부분을 확인하고, 또박또박 따라 쓰세요.

봄에는 새싹이 돋아나요.

| 봄 | 에 | 는 | ∨ | 새 | 싹 | 이 | ∨ | 돋 | 아 | 나 | 요 | . |

✏️ 문장의 순서에 맞게 빈칸에 알맞은 숫자를 쓰세요.

벌어졌어요.	하얀	목련의	활짝	꽃봉오리가
(5)	(2)	(1)	(4)	(3)

12

맞춤법·어휘 학습

✏️ 다음 문장에 들어갈 알맞은 말을 골라 ○표 하고, 빈칸에 쓰세요.

1 (놀이터) 노리터

➡ 아이들이 | 놀 | 이 | 터 | 에서 신나게 놀고 있어요.

2 다다써요 (닫았어요)

➡ 비가 들어올까 봐 형이 창문을 | 닫 | 았 | 어 | 요 | .

✏️ 다음 밑줄 친 부분을 맞춤법에 맞게 고쳐 빈칸에 쓰세요.

1 밤하늘에 반짝반짝 별들이 <u>도다나다</u>. ➡ | 돋 | 아 | 나 | 다 |

2 교실에서 싸움이 <u>버러지고</u> 있다. ➡ | 벌 | 어 | 지 | 고 |

✏️ 다음 뜻과 낱말을 알맞게 연결하세요.

1 집을 떠나 가까운 곳에 잠시 다녀오는 일.

· 나드리
· 나들이
· 벌어지다
· 버러지다

2 ① 갈라져서 사이가 뜨다. ② 어떤 일이 일어나다.

정답 3쪽

13

지문 듣기

독해력 학습 봄을 알리는 꽃

봄이 되면 겨울 동안에 굳은 땅이 부드러워지고, 새싹이 **파릇파릇** 돋아나요. 어기저기서 봄꽃도 활짝 피지요.

목련은 봉오리가 마치 붓처럼 생겼어요. 꽃봉오리가 벌어져 하얀 꽃이 피어나면 커다란 팝콘이 나뭇가지에 한가득 앉은 것 같아요.

목련이 질 무렵, 길가에는 병아리처럼 노란 개나리가 피어요. 개나리는 햇빛이 잘 안 드는 곳에서도 잘 자라요. 또 분홍 진달래도 봄에 피지요. 옛날 사람들은 진달래로 **화전**을 만들어 먹기도 했어요.

봄에 **풍성하게** 피는 꽃들을 즐기러 떠나는 나들이를 꽃놀이라고 해요. 사람들은 예쁘게 핀 꽃들을 구경하며 사진을 찍고, 즐거워하며 이야기를 나누지요.

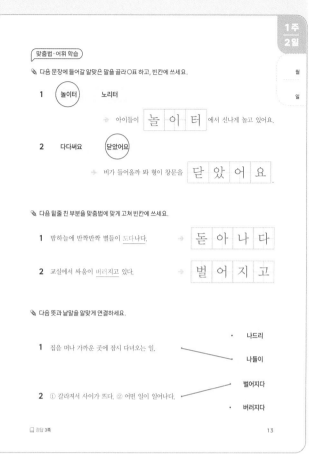

* **파릇파릇:** 군데군데 파랗게 새싹과 같이 밝고 선명한 모양
* **화전:** 찹쌀가루를 반죽하여 꽃잎을 붙여서 기름에 지진 떡
* **풍성하다:** 넉넉하고 많다

✏️ 다음 중에서 적절한 발음을 찾아 ○표 하고, 소리 내어 읽어 보세요.

1 돋아나요 | 도다나요 ○ | 도자나요 |

2 벌어져 | 버너져 | 버러져 ○ |

14

✏️ 읽은 글의 내용을 확인해 보세요.

1 이 글의 내용과 관련 있는 계절을 골라 ○표 하세요.

봄	여름	가을	겨울
(○)	( )	( )	( )

2 다음 설명에 알맞은 꽃의 이름은 무엇인가요? (3)

봄에 피는 분홍색 꽃이에요. 이 꽃으로 화전을 만들어 먹기도 했어요.

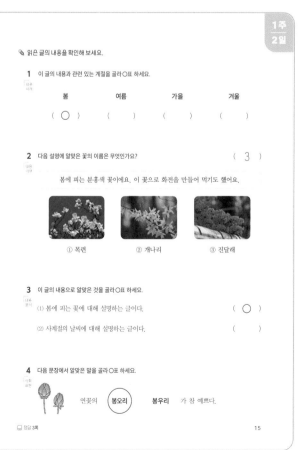

① 목련   ② 개나리   ③ 진달래

3 이 글의 내용으로 알맞은 것을 골라 ○표 하세요.

(1) 봄에 피는 꽃에 대해 설명하는 글이다. (○)

(2) 사계절의 날씨에 대해 설명하는 글이다. ( )

4 다음 문장에서 알맞은 말을 골라 ○표 하세요.

연꽃의 (봉오리) 봉우리 가 참 예쁘다.

정답 3쪽

15

1주

3일

통합 그림 일기

버스에서 일어난 일

미리보기

잡아당기다
손잡이
참외

오늘의 맞춤법 받침이 뒤로 넘어가서 소리 나는 말 ㅁ, ㅂ 받침

ㅁ, ㅂ 받침이 뒤에 오는 'ㅇ'과 만나면 뒷말 첫소리로 이어져 '참외'는 [차외/차뤠], '손잡이'는 [손자비], '잡아당기다'는 [자바당기다]로 발음해요.

띄어쓰기 학습

✎ 띄어 쓰는 부분을 확인하고, 또박또박 따라 쓰세요.

버스 손잡이를 잡아당겼어요.

버	스	∨	손	잡	이	를	∨	잡	아	당	겼	어	요	.

✎ 문장의 순서에 맞게 빈칸에 알맞은 숫자를 쓰세요.

데굴데굴	굴러다녔다.	참외들이	노란	버스에서
(4)	(5)	(3)	(2)	(1)

16

월
일

맞춤법·어휘 학습

✎ 다음 문장에서 알맞은 말을 골라 ○표 하세요.

1 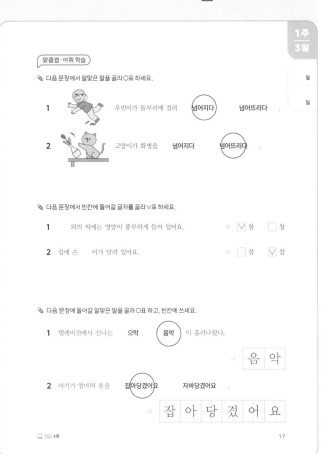 우빈이가 돌부리에 걸려 (넘어지다) 넘어뜨리다 .

2 고양이가 화병을 넘어지다 (넘어뜨리다) .

✎ 다음 문장에서 빈칸에 들어갈 글자를 골라 ∨표 하세요.

1 ▢외의 씨에는 영양이 풍부하게 들어 있어요.   ☞ ☑참 ▢창

2 컵에 손▢이가 달려 있어요.   ☞ ▢잠 ☑잡

✎ 다음 문장에 들어갈 알맞은 말을 골라 ○표 하고, 빈칸에 쓰세요.

1 텔레비전에서 신나는 으막 (음악) 이 흘러나왔다.

☞ | 음 | 악 |

2 아기가 엄마의 옷을 (잡아당겼어요) 자바당겼어요 .

☞ | 잡 | 아 | 당 | 겼 | 어 | 요 |

17

독해력 학습 | 버스에서 일어난 일

지문 듣기

6월 28일 금요일
날씨 : 해가 쨍쨍 ☀

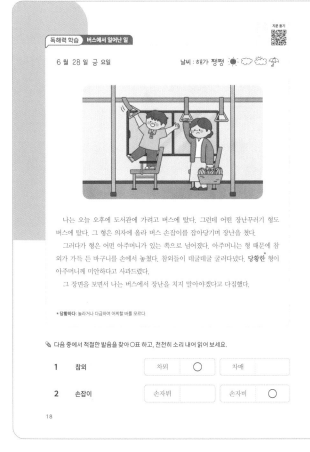

　나는 오늘 오후에 도서관에 가려고 버스에 탔다. 그런데 어떤 장난꾸러기 형도 버스에 탔다. 그 형은 의자에 올라 버스 손잡이를 잡아당기며 장난을 쳤다.
　그러다가 형은 어떤 아주머니가 있는 쪽으로 넘어졌다. 아주머니는 형 때문에 참외가 가득 든 바구니를 손에서 놓쳤다. 참외들이 데굴데굴 굴러다녔다. **당황한** 형이 아주머니께 미안하다고 사과드렸다.
　그 장면을 보면서 나는 버스에서 장난을 치지 말아야겠다고 다짐했다.

＊당황하다 : 놀라거나 다급하여 어찌할 바를 모르다

✎ 다음 중에서 적절한 발음을 찾아 ○표 하고, 천천히 소리 내어 읽어 보세요.

1 참외 　차외 (○) 　자매 ( )

2 손잡이 　손자뷔 ( ) 　손자비 (○)

18

✎ 읽은 글의 내용을 확인해 보세요.

1 이 글의 종류로 알맞은 것에 ○표 하세요.

내용분석

일기	편지	동화
(○)	( )	( )

2 이 글의 글쓴이가 한 일은 무엇인가요? (2)

내용이해

① 참외가 가득 든 바구니를 떨어뜨렸다.
② 도서관에 가기 위해서 버스에 탔다.
③ 버스에서 손잡이를 잡아당기며 장난을 쳤다.

3 글쓴이가 버스 안에서 깨달은 점이 아닌 것에 ○표 하세요.

내용추론

(1) 버스 안에서 장난을 치지 말아야겠다. ( )

(2) 몸이 불편한 사람에게 자리를 양보해야겠다. (○)

4 보기 의 뜻을 보고, 다음 문장에 알맞은 말을 쓰세요.

어휘표현

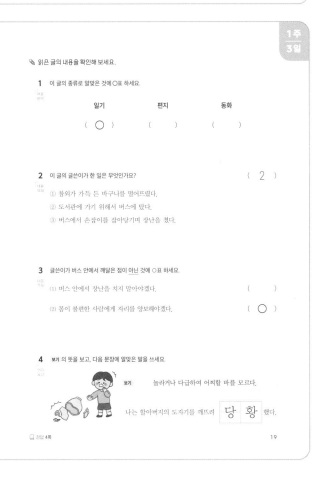

보기 　놀라거나 다급하여 어찌할 바를 모르다.

나는 할아버지의 도자기를 깨뜨려 | 당 | 황 | 했다.

19

1주

4일

통합 안내문

나눔 장터로 오세요!

미리 보기

눈빛을 주고받다

책꽂이

옷을 팔다

오늘의 맞춤법 받침이 뒤로 넘어가서 소리 나는 말 ㅅ, ㅈ, ㅊ 받침

ㅅ, ㅈ, ㅊ 받침이 뒤에 오는 'ㅇ'과 만나면 뒷말 첫소리로 이어져 '옷을'은 [오슬], '책꽂이'는 [책꼬지], '눈빛을'은 [눈삐츨]로 발음해요.

띄어쓰기 학습

✏️ 띄어 쓰는 부분을 확인하고, 또박또박 따라 쓰세요.

깨끗한 옷과 가방을 팔아요!

| 깨 | 끗 | 한 | ∨ | 옷 | 과 | ∨ | 가 | 방 | 을 | ∨ | 팔 | 아 | 요 | ! |

✏️ 문장의 순서에 맞게 빈칸에 알맞은 숫자를 쓰세요.

따뜻한	이웃에게	눈빛을	건네자.
2	1	3	4

맞춤법·어휘 학습

✏️ 다음 그림에 알맞은 말을 연결하세요.

책꽂이   연필꽂이   바늘꽂이

✏️ 다음 문장에 들어갈 알맞은 말을 골라 ○표 하고, 빈칸에 쓰세요.

| 1 | (눈빛) | 눈빚 | → | 친구가 차가운 | 눈 | 빛 | 으로 나를 보았다. |

| 2 | 살갓 | (살갗) | → | 모기에 물려서 | 살 | 갗 | 이 부어올랐다. |

| 3 | 꼬자 | (꽂아) | → | 떡과 소시지를 꼬치에 | 꽂 | 아 | 먹었다. |

✏️ 다음 밑줄 친 부분을 맞춤법에 맞게 고쳐 빈칸에 쓰세요.

1 우리 옆집에 사는 <u>이온</u>은 요리사이다. → | 이 | 웃 | 은 |

2 내 동생은 빨간색 <u>옷</u>을 좋아한다. → | 옷 | 을 |

독해력 학습 **나눔 장터로 오세요!**

지문 듣기

나눔 장터 안내문

우리 행복 아파트에서 나눔 장터가 열립니다.
나눔 장터에서는 쓸모 있는 물건을 값싸게 사고팔 수 있습니다.
물건 판매를 원하는 분은 관리 사무소에서 신청서를 작성하세요.
이웃과 따뜻한 눈빛을 주고받으며 함께 즐기는 시간이 되길 바랍니다.

일자	5월 11일 토요일
장소	101동 앞 광장
판매 신청 기간	5월 1일 ~ 5월 10일
판매 가능한 물건	깨끗한 옷이나 신발, 장난감이나 학용품, 책꽂이나 의자 같은 가구 등

행복 아파트 관리 사무소

• 판매: 물건을 파는 일
• 신청서: 일을 맡은 기관에 어떤 일을 해 줄 것을 요구하는 문서
• 관리 사무소: 일이나 시설을 보살펴 돌보는 곳
• 작성하다: 서류, 원고 등을 만들거나 쓰다.

✏️ 다음 중에서 적절한 발음을 찾아 ○표 하고, 천천히 소리 내어 읽어 보세요.

| 1 | 옷이나 | 오시나 ○ | 옷시나 |
| 2 | 책꽂이 | 책꼬지 ○ | 책꼬디 |

✏️ 읽은 글의 내용을 확인해 보세요.

1 이 글을 볼 수 있는 장소로 알맞은 것에 ○표 하세요.

학교 복도	아파트 알림판	대형 마트
( )	(○)	( )

2 이 글에서 알린 내용으로 알맞지 <u>않은</u> 것은 무엇인가요? (2)

① 나눔 장터가 열리는 장소는 101동 앞 광장이다.
② 나눔 장터에서는 장난감이나 학용품을 판매할 수 없다.
③ 물건을 판매하기 위해서는 판매 신청서를 작성해야 한다.

3 나눔 장터가 열리는 날을 달력에서 찾아 ○표 하세요.

5월

일	월	화	수	목	금
			1	2	3
5	6	7	8	9	10 ○

4 다음 뜻에 알맞은 낱말을 보기에서 찾아 빈칸에 쓰세요.

| 보기 | 신청서 | 판매 | 장터 |

(1) 물건을 파는 일. → | 판 | 매 |

(2) 일을 맡은 기관에 어떤 일을 해 줄 것을 요구하는 문서. → | 신 | 청 | 서 |

국어 맞춤법 동화

냠냠, 딸기 잼은 달콤해

높은 천장

생쥐들이 부엌에 있어요.

선반 밑에서 냠냠!

오늘의 맞춤법 받침이 뒤로 넘어가서 소리 나는 말 ㅋ, ㅌ, ㅍ 받침
ㅋ, ㅌ, ㅍ 받침이 뒤에 오는 'ㅇ'과 만나면 뒷말 첫소리로 이어져 '부엌에'는 [부어케],
'밑에서'는 [미테서], '높은'은 [노픈]으로 발음해요.

띄어쓰기 학습

✎ 띄어 쓰는 부분을 확인하고, 또박또박 따라 쓰세요.

천장에 생쥐 가족이 살아요.

천	장	에	∨	생	쥐	∨	가	족	이	∨	살	아	요	.

✎ 문장의 순서에 맞게 빈칸에 알맞은 숫자를 쓰세요.

선반	있다.	딸기	잼이	밑에는
(1)	(5)	(3)	(4)	(2)

24

맞춤법·어휘 학습

✎ 빈칸에 알맞은 글자를 보기 에서 찾아 문장을 완성하세요.

보기   높   억   밑

1 한라산은 우리나라에서 제일 [높]아요.

2 날씨가 무더워서 나무 그늘 [밑]에 있어요.

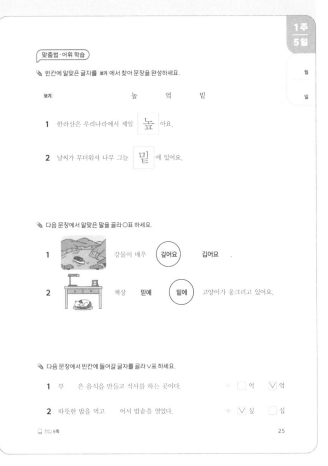

✎ 다음 문장에서 알맞은 말을 골라 ○표 하세요.

1 강물이 매우 (깊어요) / 깁어요 .

2 책상 밑에 / (밑에) 고양이가 웅크리고 있어요.

✎ 다음 문장에서 빈칸에 들어갈 글자를 골라 ∨표 하세요.

1 부 ☐ 은 음식을 만들고 식사를 하는 곳이다.   → ☐ 억   ∨ 억

2 따뜻한 밥을 먹고 ☐ 어서 밥솥을 열었다.   → ∨ 싶   ☐ 십

25

독해력 학습   냠냠, 딸기 잼은 달콤해

오래된 집의 높은 천장* 위에서 생쥐 가족이 오손도손* 살고 있어요. 밤이 깊어
지고 집이 조용해지면 생쥐 가족은 음식을 찾으러 천장에서 부엌으로 내려와요.
어느 날, 아기 생쥐는 식탁에 놓인 쪽지를 발견했어요.
"선반* '미'에 딸기 잼을 두었어요."
아기 생쥐가 쪽지를 읽자 아빠 생쥐가 말했어요.
"이 글자는 '미'가 아니고, '밑'! '밑'은 아래쪽을 뜻하지. 이렇게 '밑' 다음에
'에'가 오면, ㅌ 받침이 뒤로 넘어가 '미테'라고 읽는단다."
"아빠! 그럼 선반 밑에 얼른 가 봐요. 딸기 잼이 먹고 싶어요."
아기 생쥐 말대로 선반 밑에는 딸기 잼이 있었어요. 생쥐 가족은 달콤한 딸기
잼을 맛있게 냠냠 먹었답니다.

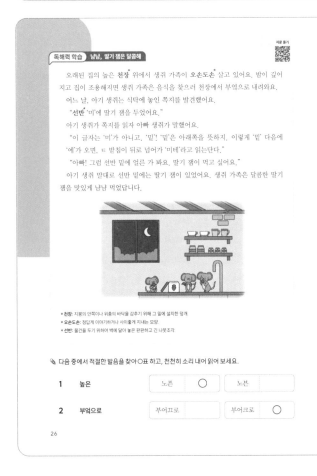

＊천장: 지붕의 안쪽이나 위층의 바닥을 감추기 위해 그 밑에 설치한 덮개
＊오손도손: 정답게 이야기하거나 사이좋게 지내는 모양
＊선반: 물건을 두기 위하여 벽에 달아 놓은 판판하고 긴 나뭇조각

✎ 다음 중에서 적절한 발음을 찾아 ○표 하고, 천천히 소리 내어 읽어 보세요.

1 높은   노픈 ○   노븐

2 부엌으로   부어끄로   부어크로 ○

26

✎ 읽은 글의 내용을 확인해 보세요.

1 이 글의 주인공은 누구인가요?

→ [생][쥐] 가족

2 이 글에서 드러나지 않은 사실은 무엇인가요?   (1)

① 생쥐 가족은 고양이를 두려워한다.
② 생쥐 가족은 음식을 찾으러 밤에 부엌으로 내려온다.
③ 생쥐 가족은 오래된 집의 높은 천장 위에 살고 있다.

3 생쥐 가족이 선반 밑으로 간 까닭으로 알맞은 것에 ○표 하세요.

(1) 쪽지를 읽기 위하여 선반 밑으로 내려갔어요.   (   )

(2) 딸기 잼을 먹기 위하여 선반 밑으로 내려갔어요.   (○)

4 다음 그림에 알맞은 말을 연결하세요.

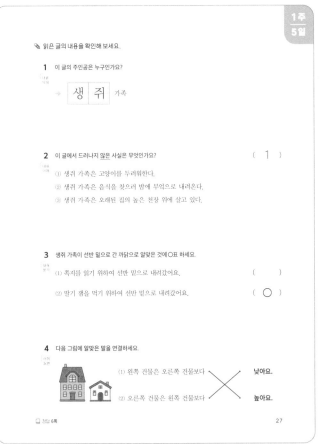

(1) 왼쪽 건물은 오른쪽 건물보다   낮아요.

(2) 오른쪽 건물은 왼쪽 건물보다   높아요.

27

국어 전래 동화

선녀와 나무꾼

연못
숨겼다
옷

🔊 오늘의 맞춤법 받침이 대표 소리로 소리 나는 말 ㅅ, ㅆ 받침

받침은 [ㄱ], [ㄴ], [ㄷ], [ㄹ], [ㅁ], [ㅂ], [ㅇ] 7개 대표 소리 중 하나로 발음되어요. ㅅ, ㅆ 받침은 대표 소리 [ㄷ]으로 발음해요. '옷'은 [옫], '연못'은 [연몯], '숨겼다'는 [숨겯따]로 발음해요.

띄어쓰기 학습

✏️ 띄어 쓰는 부분을 확인하고, 또박또박 따라 쓰세요.

"내 날개옷……, 사라졌어!"

"	내	∨	날	개	옷	…	…	,		사	라	졌	어	!	"

✏️ 문장의 순서에 맞게 빈칸에 알맞은 숫자를 쓰세요.

날개옷	나무꾼은	한 벌을	숨겼다.	품속에
(2)	(1)	(3)	(5)	(4)

30

맞춤법·어휘 학습

✏️ 빈칸에 알맞은 글자를 써넣어 문장을 완성하세요.

1 **옷** 장 안에는 옷이 많다.

2 강아지가 신발을 물 **었** 다.

✏️ 다음 밑줄 친 부분을 맞춤법에 맞게 고쳐 빈칸에 쓰세요.

1 백조들이 연못가에 둥지를 틀었다. → 연 못 가 에

2 친구가 자꾸 자기 말이 맞다고 우겯따. → 우 겼 다

✏️ 다음 문장에서 알맞은 말을 골라 ○표 하세요.

1 아이가 외출복을 (벗고) 벗꼬 잠옷을 입었다.

2 선녀와 나무꾼은 부부가 되어 함께 살아따 (살았다)

📖 정답 7쪽

31

독해력 학습 선녀와 나무꾼

옛날 옛적 어느 날, 나무꾼이 산에서 나무를 **베고**° 있었어요. 그런데 사냥꾼에게 쫓기던 노루가 뛰어왔어요. 나무꾼은 노루를 숨겨 주었지요. 노루는 나무꾼에게 말했어요.

"오늘 밤, 저 산 너머 연못에 하늘나라 **선녀**°들이 내려와 목욕을 할 거예요. 선녀를 아내로 맞이하고 싶다면, 날개옷 한 벌을 몰래 숨기세요. 선녀가 아이 셋을 낳기 전까지 선녀에게 날개옷을 주지 마세요."

늦은 밤, 나무꾼이 연못에 가 보니 아름다운 선녀들이 목욕을 하고 있었어요. 나무꾼은 날개옷 한 **벌**°을 품속에 얼른 숨겼어요. 다른 선녀들은 날개옷을 찾아 입고 하늘로 올라갔지만, 날개옷을 잃어버린 선녀는 하늘로 올라갈 수 없었지요.

선녀는 나무꾼과 혼인하여 두 아이를 낳았어요. 하지만 선녀는 늘 하늘나라를 그리워했어요. 마음이 약해진 나무꾼은 감추어 둔 날개옷을 꺼내어 선녀에게 주고 말았지요. ㉠ 선녀는 기뻐하며 날개옷을 입더니 아이 둘을 품에 안고 하늘로 날아가 버렸어요.

°**베다:** 날카로운 물건으로 무엇을 끊거나 자르거나 가르다.
°**선녀:** 옛날 사람들이 하늘나라에 산다고 여긴 여자.
°**벌:** 옷이나 그릇을 세는 단위.

✏️ 다음 중에서 적절한 발음을 찾아 ○표 하고, 소리 내어 읽어 보세요.

1	날개옷	날개옫		날개온	○
2	올라갔지만	올라갇찌만	○	올라각찌만	

32

✏️ 읽은 글의 내용을 확인해 보세요.

1 일이 일어난 순서에 맞게 기호를 쓰세요.

보기 ㉮ 나무꾼이 선녀의 날개옷을 숨겼다.
㉯ 나무꾼이 사냥꾼에게 쫓기는 노루를 만났다.
㉰ 선녀는 나무꾼과 함께 살며 두 아이를 낳았다.

㉯ → ㉮ → ㉰

2 이 글에서 나무꾼이 날개옷을 숨긴 이유는 무엇일까요? (1)

① 선녀를 아내로 맞이하고 싶어서
② 선녀 대신 하늘로 날아가고 싶어서
③ 노루가 날개옷을 숨겨 달라고 부탁해서

3 ㉠이 일어난 후에 나무꾼이 느꼈을 감정으로 가장 알맞지 않은 것을 골라 ○표 하세요.

괴롭다	안타깝다	슬프다	(기쁘다)

4 보기 의 빈칸에 들어갈 낱말을 이 글에서 찾아 쓰세요.

보기 할머니께서 나에게 바지 두 ☐ 을 사 주셨다.

벌

📖 정답 7쪽

33

7

2주

2일

통합 관찰 일기

나팔꽃을 관찰해요

(미리 보기)

나팔꽃 햇빛

낮

낮에 일찍 지는 나팔꽃

아침에 일찍 피는 나팔꽃

🔍 오늘의 맞춤법 받침이 대표 소리로 소리 나는 말 ㅈ, ㅊ 받침

받침은 [ㄱ], [ㄴ], [ㄷ], [ㄹ], [ㅁ], [ㅂ], [ㅇ] 7개 대표 소리 중 하나로 발음되어요. ㅈ, ㅊ 받침은 대표 소리 [ㄷ]으로 발음하지요. '낮'은 [낟], '나팔꽃'은 [나팔꼳], '햇빛'은 [핻삗] 또는 [핻삗]으로 발음해요.

띄어쓰기 학습

✏️ 띄어 쓰는 부분을 확인하고, 또박또박 따라 쓰세요.

햇빛 가득한 아침이에요.

햇	빛	∨	가	득	한	∨	아	침	이	에	요	.

✏️ 문장의 순서에 맞게 빈칸에 알맞은 숫자를 쓰세요.

아침에	피어요.	이른	꽃이	나팔꽃은
3	5	2	4	1

34

맞춤법·어휘 학습

✏️ 다음 문장에서 알맞은 말을 골라 ○표 하세요.

1 우산이 없어서 비를 폴딱 (맞고) 맏꼬 뛰었어요.

2 경찰이 도둑을 (쫓고) 쫃꼬 있어요.

✏️ 다음 문장에 들어갈 알맞은 말을 골라 ○표 하고, 빈칸에 쓰세요.

1 화단에 (꽃) 꼳 이 화려하게 피었다. → 꽃

2 (낟) (낮) 에 잠을 잤더니 밤에 잠이 오지 않아요. → 낮

✏️ 다음 밑줄 친 부분을 맞춤법에 맞게 고쳐 빈칸에 쓰세요.

1 눈부신 <u>햇빋</u> 때문에 나는 선글라스를 꼈다. → 햇빛

2 햇볕이 따뜻한 <u>낮</u> 시간에는 고양이가 창가로 간다. → 낮

독해력 학습 나팔꽃을 관찰해요

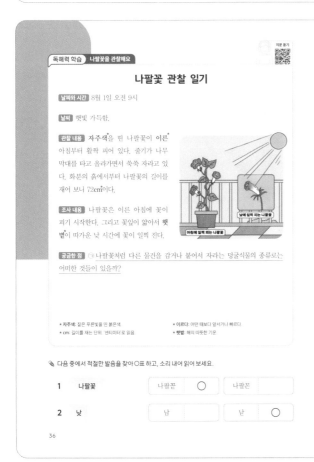

나팔꽃 관찰 일기

(날짜와 시간) 8월 1일 오전 9시

(날씨) 햇빛 가득한.

(관찰 내용) 자주색*을 띤 나팔꽃이 이른* 아침부터 활짝 피어 있다. 줄기가 나무 막대를 타고 올라가면서 쑥쑥 자라고 있다. 화분의 흙에서부터 나팔꽃의 길이를 재어 보니 72cm*이다.

(조사 내용) 나팔꽃은 이른 아침에 꽃이 피기 시작한다. 그리고 꽃잎이 얇아서 햇볕*이 따가운 낮 시간에 꽃이 일찍 진다.

(궁금한 점) ⓘ 나팔꽃처럼 다른 물건을 감거나 붙어서 자라는 덩굴식물의 종류로는 어떠한 것들이 있을까?

* 자주색: 짙은 푸른빛을 띤 붉은색.
* cm: 길이를 재는 단위. 센티미터로 읽음.
* 이른다: 어떤 때보다 앞서거나 빠르다.
* 햇볕: 해의 따뜻한 기운

✏️ 다음 중에서 적절한 발음을 찾아 ○표 하고, 소리 내어 읽어 보세요.

1	나팔꽃	나팔꼳 ○	나팔꼳
2	낮	낟	낟 ○

36

✏️ 읽은 글의 내용을 확인해 보세요.

1 이 글에 대한 설명으로 알맞은 것은 무엇인가요? (3)

　① 나팔꽃과 관련된 이야기를 소개하는 글이다.

　② 나팔꽃의 종류를 자세하게 설명하는 글이다.

　③ 나팔꽃이 자라는 모습을 관찰하고 쓴 글이다.

2 이 글의 내용으로 알맞지 <u>않은</u> 것은 무엇인가요? (2)

　① 나팔꽃의 길이는 72cm이다.

　② 나팔꽃은 어두운 밤에 꽃이 진다.

　③ 나팔꽃은 이른 아침부터 꽃이 핀다.

3 ⓘ에 대한 답으로 알맞은 것을 골라 ○표 하세요.

　⑴ 보라색, 자주색, 파란색, 하늘색 등이에요. (　　)

　⑵ 고구마, 오이, 포도나무, 담쟁이덩굴 등이에요. (○)

4 다음 밑줄 친 낱말의 반대말을 이 글에서 찾아 쓰세요.

　⑴ <u>늦은</u> 아침 ↔ 이른 아침

　⑵ 꽃잎이 <u>두꺼워요.</u> ↔ 꽃잎이 얇아 요.

3일

통합 설명문

황금빛 들녘

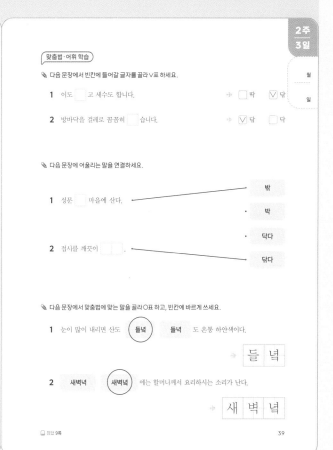

새벽녘

들녘

땀을 닦다

📌 **오늘의 맞춤법** 받침이 대표 소리로 소리 나는 말 ㅋ, ㄲ 받침

받침은 [ㄱ], [ㄴ], [ㄷ], [ㄹ], [ㅁ], [ㅂ], [ㅇ] 7개 대표 소리 중 하나로 발음되어요. ㅋ, ㄲ 받침은 대표 소리 [ㄱ]으로 발음하지요. '새벽녘'은 [새병녁], '들녘'은 [들:력], '닦다'는 [닥따]로 발음해요.

띄어쓰기 학습

✏ 띄어 쓰는 부분을 확인하고, 또박또박 따라 쓰세요.

새벽녘부터 농부들이 일한다.

새	벽	녘	부	터	∨	농	부	들	이	∨	일	한	다	.

✏ 문장의 순서에 맞게 빈칸에 알맞은 숫자를 쓰세요.

참	황금빛	풍경이	들녘	멋있어요.
(4)	(1)	(3)	(2)	(5)

맞춤법·어휘 학습

✏ 다음 문장에서 빈칸에 들어갈 글자를 골라 ✓표 하세요.

1 이도 ☐ 고 세수도 합니다. → ☐ 딱 ✓ 닦

2 방바닥을 걸레로 꼼꼼히 ☐ 습니다. → ✓ 닦 ☐ 닥

✏ 다음 문장에 어울리는 말을 연결하세요.

1 성문 ☐ 마을에 산다.　　　　　　　• 밖

　　　　　　　　　　　　　　　　　• 박

　　　　　　　　　　　　　　　　　• 닦다

2 접시를 깨끗이 ☐ .　　　　　　　• 닦다

✏ 다음 문장에서 맞춤법에 맞는 말을 골라 ◯표 하고, 빈칸에 바르게 쓰세요.

1 눈이 많이 내리면 산도 (들녘) 들력 도 온통 하얀색이다.

→ | 들 | 녘 |
|---|---|

2 새벽녁 (새벽녘) 에는 할머니께서 요리하시는 소리가 난다.

→ | 새 | 벽 | 녘 |
|---|---|---|

독해력 학습　황금빛 들녘

지문 듣기

우리가 매일 먹는 밥은 쌀을 끓여 익힌 음식이에요. 쌀은 벼 열매에서 껍질을 벗겨 낸 알맹이지요. 그렇다면 벼농사를 짓는 과정을 알아볼까요?

먼저, 봄에는 **볍씨**를 사각형 모양의 모판에 골고루 심어요. 어린 벼인 모가 어린이의 팔뚝 길이만큼 자라면 모를 논에 옮겨 심는 모내기를 해요. 논에 물을 찰랑찰랑하게 담아 두고 초록빛 모를 일정한 간격으로 심어요.

모내기가 끝나면 농부들은 새벽녘부터 논에 가서 **거름**을 주고, 잡초도 뽑아요. 또 벼가 잘 크도록 때때로 논에 있는 물의 양도 **조절하지요**. 그래서 어떤 때에는 논에 물이 가득 찰 때도 있고 물이 없을 때도 있어요. 여름에는 벼에 꽃이 피고, 꽃이 진 후 열매가 생겨요. 벼에 달린 열매가 자랄수록 벼가 고개를 숙인 듯한 모양이 되어요.

황금빛 들녘 풍경이 보이는 가을, 농부들은 다 자란 벼를 베지요. 이마에 맺힌 땀을 닦고 **추수**를 계속해요. 이렇게 추수한 벼 열매의 껍질을 벗기면 바로 그것이 쌀이지요. 추수를 끝낸 농부들은 농기계를 닦고, 내년을 준비해요.

* **볍씨:** 벼의 씨. '벼'와 '씨'가 합쳐져 만들어진 말.
* **조절하다:** 적당하게 맞추거나 바로잡다.
* **거름:** 식물이 잘 자라도록 땅에 주는 영양분.
* **추수:** 가을에 익은 곡식을 거두어들임.

✏ 다음 중에서 적절한 발음을 찾아 ◯표 하고, 소리 내어 읽어 보세요.

1	들녘	들:력 ◯	들:렴

2	닦고	딱꼬	닥꼬 ◯

✏ 읽은 글의 내용을 확인해 보세요.

1 벼농사를 짓는 과정의 순서대로 빈칸에 알맞은 번호를 쓰세요.

잡초 뽑기	볍씨 심기	추수하기	모내기
(3)	(1)	(4)	(2)

2 이 글의 내용으로 알맞지 않은 것은 무엇인가요?　　　(2)

① 모내기를 할 때에는 물을 찰랑찰랑하게 담아 둔다.

② 벼가 잘 크도록 논에 물을 항상 가득 채워 둔다.

③ 여름에는 벼에 꽃이 피고, 꽃이 진 후 열매가 생긴다.

3 이 글을 읽고 알게 된 점으로 알맞지 않은 것에 ◯표 하세요.

(1) 모는 쌀을 끓여 익힌 음식이에요.　　　　　　(◯)

(2) 쌀은 벼 열매에서 껍질을 벗겨 낸 알맹이에요.　(　)

4 알맞은 낱말을 빈칸에 넣어 **보기** 의 뜻에 해당하는 속담을 완성해 보세요.

보기 겸손한 사람일수록 남 앞에서 자기를 내세우려 하지 않는다.

| 벼 | 는 익을수록 고개를 숙인다.

2주

4일

통합 설명문

해수욕장 안전 수칙

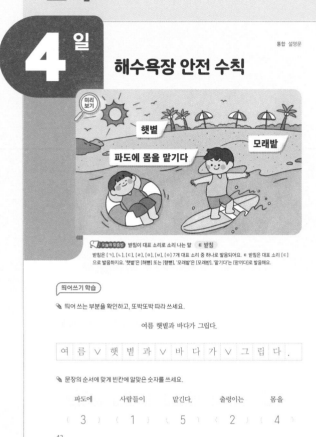

오늘의 맞춤법 받침이 대표 소리로 소리 나는 말 ㅌ 받침
받침은 [ㄱ], [ㄴ], [ㄷ], [ㄹ], [ㅁ], [ㅂ], [ㅇ] 7개 대표 소리 중 하나로 발음되어요. ㅌ 받침은 대표 소리 [ㄷ]으로 발음하지요. '햇볕'은 [해뼏] 또는 [핻뼏], '모래밭'은 [모래받], '맡기다'는 [맏끼다]로 발음해요.

띄어쓰기 학습

✎ 띄어 쓰는 부분을 확인하고, 또박또박 따라 쓰세요.

여름 햇볕과 바다가 그립다.

여	름	V	햇	볕	과	V	바	다	가	V	그	립	다	.

✎ 문장의 순서에 맞게 빈칸에 알맞은 숫자를 쓰세요.

파도에	사람들이	맡긴다.	출렁이는	몸을
(3)	(1)	(5)	(2)	(4)

42

맞춤법·어휘 학습

✎ 다음 문장에 들어갈 알맞은 말을 골라 ○표 하고, 빈칸에 쓰세요.

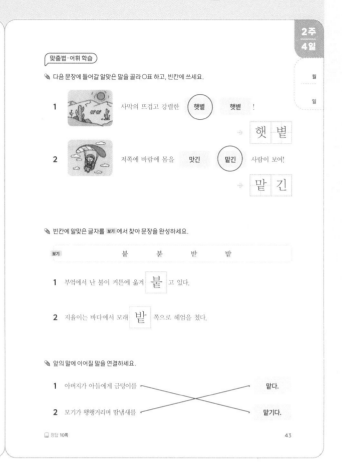

1 사막의 뜨겁고 강렬한 (햇볕) 햇볓 !
→ 햇 볕

2 저쪽에 바람에 몸을 맜긴 (맡긴) 사람이 보여!
→ 맡 긴

✎ 빈칸에 알맞은 글자를 보기 에서 찾아 문장을 완성하세요.

보기	붙	붇	받	밭

1 부엌에서 난 불이 커튼에 옮겨 붙 고 있다.

2 지윤이는 바다에서 모래 밭 쪽으로 헤엄을 쳤다.

✎ 앞의 말에 이어질 말을 연결하세요.

1 아버지가 아들에게 금덩이를 ——— 맡다.

2 모기가 왱왱거리며 땀냄새를 ——— 맡기다.

43

독해력 학습 해수욕장 안전 수칙

지문 듣기

'해수욕장'이라는 말을 듣고 무엇이 생각 나나요? 푸른 하늘과 바다, 뜨거운 햇볕과 모래밭, 파도에 몸을 맡기는 사람들이 떠오르지요. 해수욕장 안전 수칙*에는 다음과 같은 것들이 있어요.

첫째, 바다에 들어가기 전에는 준비 운동을 하고, 천천히 들어가야 해요. 찬 바다에 갑자기 뛰어들면 우리 몸이 깜짝 놀라기 때문이에요. 바다에 들어갈 때에는 심장에서 먼 곳부터 물을 적셔요.

둘째, 항상 어른과 함께 물에 들어가고, 튜브를 꼭 착용해야* 해요. 바다는 갑자기 깊어지는 곳이 많고, 파도가 높거나 바닷물이 세게 흐를 수 있기 때문이에요.

셋째, 햇빛을 오래 쬐지 말아야 하고, 자외선 차단제를 발라야 해요. 햇빛은 눈에 보이지 않는 빛이 섞여 있는데, 그것은 '자외선'이에요. 자외선 때문에 피부가 따갑고 벌겋게 되거나 물집*이 잡혀요. 또, 피부가 갈색으로 타기도 하지요.

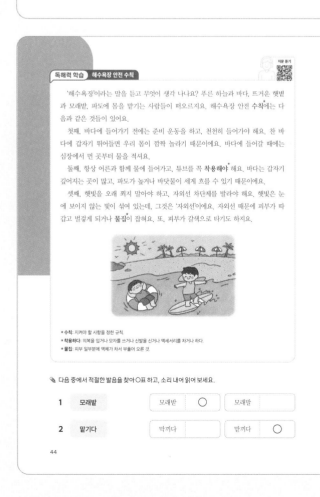

* 수칙: 지켜야 할 사항을 정한 규칙
* 착용하다: 의복을 입거나 모자를 쓰거나 신발을 신거나 액세서리를 차거나 하다.
* 물집: 피부 일부분에 액체가 차서 부풀어 오른 것

✎ 다음 중에서 적절한 발음을 찾아 ○표 하고, 소리 내어 읽어 보세요.

1 모래밭   모래받 (○)   모래발

2 맡기다   막끼다   맏끼다 (○)

44

✎ 읽은 글의 내용을 확인해 보세요.

1 이 글은 무엇에 대해 설명하는 글인가요?

바다에 사는 생물	바다에서 즐기는 운동	해수욕장의 안전 수칙
( )	( )	(○)

2 이 글의 내용으로 알맞은 것은 무엇인가요?   (3)

① 바다에 들어갈 때에는 심장에 가까운 곳부터 물을 적셔야 한다.
② 자외선은 햇빛에 섞여 있으며 우리 눈에 보이는 빛이다.
③ 자외선 때문에 피부가 따갑고 벌겋게 되거나 물집이 잡힌다.

3 이 글을 읽은 후에 할 수 있는 다짐으로 알맞지 않은 것에 X표 하세요.

(1) 햇빛을 오래 쬐고, 자외선 차단제를 바르지 않아야겠어.   (X)

(2) 항상 어른과 함께 물에 들어가고, 튜브를 꼭 착용해야겠어.   ( )

(3) 바다에 들어가기 전에 준비 운동을 하고, 천천히 들어가야겠어.   ( )

4 다음 밑줄 친 부분과 뜻이 같은 낱말을 골라 ○표 하세요.

(1) 구명조끼를 착용하다.   (입다)   벗다

(2) 수영 모자를 착용하다.   적다   (쓰다)

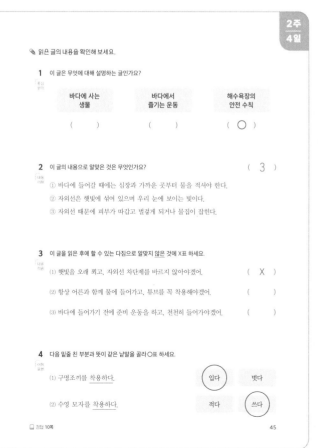

2주

5일

통합 맞춤법 동화

무릎과 팔꿈치의 공통점을 찾아라!

미리
보기

숲속

잡다

무릎

오늘의 맞춤법 받침이 대표 소리로 소리 나는 말   ㅂ, ㅍ 받침

받침은 [ㄱ], [ㄴ], [ㄷ], [ㄹ], [ㅁ], [ㅂ], [ㅇ] 7개 대표 소리 중 하나로 발음되어요. ㅂ, ㅍ 받침은 대표 소리 [ㅂ]으로 발음하지요. '잡다'는 [잡따], '무릎'은 [무릅], '숲속'은 [숩쏙]으로 발음해요.

띄어쓰기 학습

✎ 띄어 쓰는 부분을 확인하고, 또박또박 따라 쓰세요.

나와 엄마는 숲속에 있어요.

나	와	∨	엄	마	는	∨	숲	속	에	∨	있	어	요	.

✎ 문장의 순서에 맞게 빈칸에 알맞은 숫자를 쓰세요.

손을	나는	엄마	걸어요.	잡고
(3)	(1)	(2)	(5)	(4)

46

맞춤법·어휘 학습

✎ 빈칸에 알맞은 글자를 써넣어 문장을 완성하세요.

1   시우는 헬멧을 쓰고 무 [릎] 보호대를 찼어요.

2   [숲] 속을 거닐면 공기가 상쾌해서 기분이 좋아져요.

✎ 다음 문장에 들어갈 알맞은 말을 골라 ○표 하고, 빈칸에 쓰세요.

1   엽   (옆)   →   할아버지께서 내 [옆] 자리에 앉으셨다.

2   압   (앞)   →   연우는 집 [앞] 공원에서 자전거를 탔다.

✎ 빈칸에 알맞은 글자를 보기에서 찾아 문장을 완성하세요.

보기	꼽	꼼	잎	입

1   아기의 배 [꼽] 이 툭 튀어나왔다.

2   언니의 [입] 술이 붉고 도톰하다.

정답 11쪽

47

월

일

독해력 학습   무릎과 팔꿈치의 공통점을 찾아라!

지문 듣기

아라는 엄마 손을 잡고 숲속에서 산책을 하고 있었어요. 쾅! 숲길을 걸어가던 아라가 넘어졌지요. 아라가 일어나면서 말했어요.

"엄마, 무릎에는 왜 주름이 있을까요?"

"무릎처럼 우리 몸에서 구부렸다 폈다 하는 곳은 모두 주름이 있어. 그 이유는 피부가 늘어났다 줄어들었다 하기 때문이야. 팔꿈치* 손가락에도 주름이 있단다."

엄마의 설명을 유심히 듣던 아라는 또 궁금한 점이 생겼어요.

"엄마, '무릎'이라는 낱말은 무슨 받침이 들어가나요?"

"무릎'에는 ㅍ 받침이 들어가."

"엄마, 오늘은 무릎에 대해 두 가지나 배웠네요."

아라와 엄마는 마주 보고 웃었어요.

*팔꿈치: 팔을 구부렸다 폈다 하는 부분의 바깥쪽

✎ 다음 중에서 적절한 발음을 찾아 ○표 하고, 소리 내어 읽어 보세요.

1	잡고	잡꼬	○	잡고	
2	무릎	무릅		무릅	○

48

✎ 읽은 글의 내용을 확인해 보세요.

1   아라가 궁금해한 점 두 가지를 골라 ○표 하세요.

(1) 무릎에는 왜 주름이 있을까요?   (○)

(2) 무릎과 팔꿈치는 왜 까매지나요?   (   )

(3) '무릎'이라는 낱말은 무슨 받침이 들어가나요?   (○)

2   이 글의 내용으로 알맞지 않은 것은 무엇인가요?   (2)

① 아라는 숲길을 걸어가다가 넘어졌다.

② 엄마는 아라의 질문에 대답하지 않았다.

③ 우리 몸에서 구부렸다 폈다 하는 곳에 주름이 있다.

3   이 글을 통해 알 수 있는 아라의 성격에 ○표 하세요.

(1) 다른 사람들 앞에서 부끄러움이 많아요.   (   )

(2) 궁금한 것을 알고 싶어 하는 호기심이 많아요.   (○)

4   다음 뜻과 낱말을 알맞게 연결해 보세요.

팔을 구부렸다 폈다 하는 부분의 바깥쪽   •   •   팔꿈치

•   무릎

정답 11쪽

49

1일

국어 전래 동화

콩쥐와 팥쥐

미리 보기

참새   얘들아

"얘들아!"

매다

🔍 오늘의 맞춤법 어려운 모음자가 쓰인 말 ㅐ, ㅒ

ㅐ와 ㅒ는 모양과 발음이 비슷해서 헷갈리기 쉬워요. ㅒ가 사용된 '얘', '걔', '쟤'는 줄임말이에요.
'얘'는 '이 아이', '걔'는 '그 아이', '쟤'는 '저 아이'를 뜻해요.

띄어쓰기 학습

✎ 띄어 쓰는 부분을 확인하고, 또박또박 따라 쓰세요.

콩쥐가 자갈밭을 매었다.

콩	쥐	가	∨	자	갈	밭	을	∨	매	었	다	.

✎ 문장의 순서에 맞게 빈칸에 알맞은 숫자를 쓰세요.

찧었어요.	참새들이	도와	쌀을	콩쥐를
(5)	(1)	(3)	(4)	(2)

52

맞춤법·어휘 학습

✎ 다음 문장의 빈칸에 어울리는 말을 연결하세요.

월

일

1 농부가 잡초를 _____ .   •   • 매었다

2 아이가 어깨에 가방을 _____ .   •   • 메었다

✎ 다음 문장에 공통으로 들어갈 알맞은 말을 골라 ○표 하고, 빈칸에 쓰세요.

1 (새) 세 → **새** 장 안에 앵무 **새** 가 있다.

2 (애)(얘) → **얘** 야, **얘** 기를 들려줄게.

✎ 다음 문장에 들어갈 알맞은 말을 골라 ○표 하고, 빈칸에 쓰세요.

1 콩쥐가 항아리에 물을 (채웠다) 체웠다 → 채 웠 다

2 얘들아 (얘들아) . 밖에 나가서 놀자! → 얘 들 아

53

독해력 학습 콩쥐와 팥쥐

지문 듣기

콩쥐는 부모님이 돌아가신 후, 새어머니와 새어머니의 딸 팥쥐의 구박을 받으며 살았어요. 어느 날, 새어머니가 콩쥐와 팥쥐를 불러 말했어요.

"얘들아, 내 말 잘 들어라. 팥쥐는 쇠 호미로 마당의 밭을 매고, 콩쥐는 나무 호미로 자갈밭을 모두 매거라."

콩쥐는 나무 호미로 열심히 자갈밭의 잡초를 뽑다가 호미를 부러뜨렸어요. 콩쥐가 울고 있는데, 어디선가 황소가 나타나 상냥하게 말했어요.

㉠"콩쥐 아가씨, 걱정 마세요. 밭은 제가 매어 드릴게요."

다음 날, 새어머니는 팥쥐와 잔칫집에 간다며 화려한 옷을 차려입었어요. 그리고 콩쥐에게 쌀쌀맞게* 말했어요.

㉡"너는 멍석에 있는 쌀을 다 찧어* 놓고 오너라."

콩쥐가 쌀을 절구*에 넣고 열심히 찧고 있는데 참새들이 포르르 날아왔어요.

"콩쥐 아가씨, 걱정 마세요. 우리가 쌀을 부리로 콕콕 찧어 드릴게요."

참새들 덕분에 콩쥐는 쌀을 다 찧을 수 있었어요.

* 매다: 잡초를 뽑다.
* 찧다: 곡식 등을 잘게 만들려고 내리치다.
* 쌀쌀맞다: 성격이나 행동이 따뜻한 정이나 붙임성이 없이 차갑다.
* 절구: 곡식을 빻거나 떡을 치기 위해 속을 오목하게 만든 기구.

✎ 다음 중에서 적절한 발음을 찾아 ○표 하고, 소리 내어 읽어 보세요.

1 얘들아   애드라 [   ]   얘드라 [○]

2 참새   참새 [   ]   참새 [○]

54

✎ 읽은 글의 내용을 확인해 보세요.

1 콩쥐를 도와주지 않은 이를 골라 ○표 하세요.

참새	황소	새어머니
( )	( )	(○)

2 이 글의 내용으로 알맞지 않은 것은 무엇일까요? (3)

① 새어머니는 콩쥐에게 힘든 일을 계속 시켰다.
② 콩쥐는 새어머니가 시키는 일을 열심히 했다.
③ 새어머니는 콩쥐와 팥쥐를 데리고 잔칫집에 갔다.

3 ㉠과 ㉡에 각각 어울리는 말투는 무엇인가요? (3)

　　　　　　㉠　　　　　　－　　　　　　㉡
① 사납고 차가운 말투 － 안타까워하는 말투
② 부끄러워하는 말투 － 원망스러워하는 말투
③ 친절하고 부드러운 말투 － 사납고 차가운 말투

4 다음 그림 속 물건의 이름을 보기에서 찾아 쓰세요.

보기   호미   절구

(1) (호미)

(2) (절구)

55

2일

통합 설명문

식사 예절을 지킵시다!

미리
보기

계속 말하다

꽃게   예절

🔍 오늘의 맞춤법 어려운 모음자가 쓰인 말 '예, 계'

'예'와 '계'는 모양과 발음이 비슷해서 헷갈리기 쉬워요. '예'와 '계'의 발음은 다르지만, '계속', '시계'의 '계'는 [게], '은혜', '지혜'의 '혜'는 [혜]로 발음해요.

띄어쓰기 학습

✏️ 띄어 쓰는 부분을 확인하고, 또박또박 따라 쓰세요.

오늘 저녁 메뉴는 꽃게탕!

오	늘	∨	저	녁	∨	메	뉴	는	∨	꽃	게	탕	!

✏️ 문장의 순서에 맞게 빈칸에 알맞은 숫자를 쓰세요.

사람들	예절은	간의	약속이에요.
(2)	(1)	(3)	(4)

56

맞춤법·어휘 학습

✏️ 다음 문장에 들어갈 알맞은 말을 골라 ○표 하고, 빈칸에 쓰세요.

1 (예절) 예측 ➡ 인사할 때에도 | 예 | 절 | 을 지켜야 해요.

2 (게) 개 ➡ 다리가 열 개인 꽃 | 게 | 는 옆으로 걷는다.

✏️ 다음 문장에서 알맞은 말을 골라 ○표 하세요.

1 과일 **가게** 가계 에서 딸기와 복숭아를 샀다.

2 사슴은 나뭇꾼에게 은혜 **은혜** 를 갚았다.

✏️ 빈칸에 알맞은 글자를 보기 에서 찾아 문장을 완성하세요.

보기   계   계   개

1 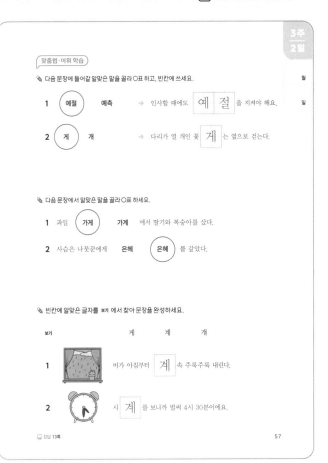 비가 아침부터 | 계 | 속 주룩주룩 내린다.

2 시 | 계 | 를 보니까 벌써 4시 30분이에요.

💻 정답 13쪽

57

독해력 학습 **식사 예절을 지킵시다!**

지문 듣기

예절은 사람들이 더불어 살아가는 데 필요한 약속이에요. 우리가 매일 식사를 할 때에도 지켜야 하는 예절이 있어요.

첫째, 음식을 입안에 넣고 계속 말하면 안 돼요. 왜냐하면 음식이 밖으로 튈 수 있고, 그 모습을 보는 사람들이 **불쾌하기** 때문이지요. 하고 싶은 말이 있다면 음식을 다 씹은 후에 말해요.

둘째, 함께 먹는 음식을 가져갈 때는 마구 뒤적이지 말아야 해요. 찌개처럼 여럿이 먹는 국물 요리는 국자를 이용해 덜어 먹어요.

셋째, 장난을 치지 말고 음식을 **얌전히** 먹어요. 꽃게처럼 뾰족한 음식을 먹을 때 장난을 치면 다칠 수 있어요.

이러한 식사 예절을 지키면 사람들과 즐겁게 식사할 수 있어요. 오늘부터 식사 예절을 잘 지켜 볼까요?

* 불쾌하다: 못마땅하여 기분이 좋지 아니하다 '유쾌하다'의 반대말
* 얌전히: 성품이나 태도가 침착하고 단정하게

✏️ 다음 중에서 적절한 발음을 찾아 ○표 하고, 소리 내어 읽어 보세요.

1 게   괴 [ ]   게 [○]

2 예절   에절 [ ]   예절 [○]

58

✏️ 읽은 글의 내용을 확인해 보세요.

1 이 글은 무엇에 대해 설명하는 글인지 알맞은 것에 ○표 하세요.

인사 예절	식사 예절	전화 예절
( )	(○)	( )

2 식사 예절을 지키는 방법으로 알맞지 않은 것은 무엇인가요? (2)

① 음식을 다 씹은 후에 말한다.
② 음식을 뒤적여서 좋은 것을 골라 낸다.
③ 장난을 치지 말고 얌전히 음식을 먹는다.

3 음식을 입안에 넣고 계속 말하지 말아야 하는 이유에 ○표 하세요.

(1) 음식이 밖으로 튈 수가 있기 때문이다.   (○)

(2) 같이 식사하는 사람들이 유쾌하게 느끼기 때문이다.   ( )

4 다음 문장에 어울리는 말을 보기 에서 찾아 쓰세요.

보기   깨끗이   솔직히   얌전히

(1) 손을 비누로 | 깨 | 끗 | 이 | 씻었어요.

(2) 의자에 | 얌 | 전 | 히 | 앉아 있었어요.

💻 정답 13쪽

59

13

3일

통합 편지

외갓집에서 즐기는 여름!

상쾌하다

외갓집

외할머니

🔔 오늘의 맞춤법 어려운 모음자가 쓰인 말 ㅚ, ㅙ

ㅚ와 ㅙ는 모양과 발음이 비슷해서 헷갈리기 쉬워요. ㅚ는 소리를 내는 동안 입모양이 달라지지 않고, ㅙ는 처음 소리 낼 때는 입을 오무렸다가 나중에는 ㅚ보다 입을 더 벌리어 되어요.

띄어쓰기 학습

✏️ 띄어 쓰는 부분을 확인하고, 또박또박 따라 쓰세요.

저는 어제 외갓집에 왔어요.

| 저 | 는 | ∨ | 어 | 제 | ∨ | 외 | 갓 | 집 | 에 | ∨ | 왔 | 어 | 요 | . |

✏️ 문장의 순서에 맞게 빈칸에 알맞은 숫자를 쓰세요.

상쾌해요.	정말	기분이	시원해서	바닷물이
(5)	(4)	3	(2)	(1)

60

맞춤법·어휘 학습

✏️ 다음 밑줄 친 부분을 맞춤법에 맞게 고쳐 빈칸에 쓰세요.

1 <u>왜할머니</u>께서 왼손으로 가방을 들었어요. → 외 할 머 니

2 <u>왜갓집</u>에서 우리는 옥수수를 삶아 먹었다. → 외 갓 집

✏️ 다음 문장에 들어갈 알맞은 말을 골라 ○표 하고, 빈칸에 쓰세요.

1 괴상 괘상 하게 생긴 도깨비가 나타났어요. → 괴 상

2 외삼촌 왜삼촌 은 돼지를 길러요. → 외 삼 촌

✏️ 다음 문장에서 빈칸에 들어갈 글자를 골라 ∨표 하세요.

1 열 ___ 가 없어서 문을 열지 못해요. → ☑ 쇠 ☐ 쇄

2 달리기를 하고 씻었더니 몸이 상 ___ 해요. → ☐ 괴 ☑ 쾌

📕 정답 14쪽

61

독해력 학습 외갓집에서 즐기는 여름!

지문 듣기

선생님께

선생님, 더운 날씨인데 건강하게 잘 계시지요?
저는 강원도 양양에 있는 **외갓집**에 왔어요. 바다와
가까워서 매일 바다에 나가 물놀이를 하고 있어요.
바닷물이 시원해서 기분이 정말 상쾌해요.

저희 외할머니께서는 옥수수와 감자 농사를 지으세
요. 외할머니와 밭에 나가 옥수수를 따고 감자도 캤어
요. 왼손에 **쫀득쫀득** 옥수수, 오른손에 **포근포근** 감자
를 들고 한 입씩 먹었어요. 아주 꿀맛이었어요.
선생님, 그럼 이만 줄일게요. 다음에 뵈어요.

20○○ 8월 ○일
염하은 올림

* 외갓집: 어머니의 부모님이 살고 있는 집 '외-'라는 말이 붙으면 어머니와 관련된 친척임
* 쫀득쫀득: 음식이 질기거나 끈끈하여 잘 끊어지지 않는 느낌 * 포근포근: 매우 보드랍고 따뜻하여 편안한 느낌

✏️ 다음 중에서 적절한 발음을 찾아 ○표 하고, 소리 내어 읽어 보세요.

1	외갓집	애:가찝		외:가찝	○
2	상쾌하다	상:쾌하다	○	상:퐤하다	

62

✏️ 읽은 글의 내용을 확인해 보세요.

1 보기 에서 하은이가 쓴 편지 내용의 순서에 맞게 빈칸에 번호를 쓰세요.

보기
① 편지를 쓴 날짜와 보내는 사람의 이름
② 편지를 마무리하는 끝인사
③ 편지를 받는 사람에게 전하고자 하는 내용
④ 편지를 받는 사람이 잘 있는지 안부를 묻는 첫인사

④ → ③ → ② → ①

2 이 글의 내용으로 알맞지 않은 것은 무엇인가요? (2)

① 하은이는 지금 강원도에 있는 외갓집에 있다.
② 하은이의 외갓집은 바다에서 멀리 떨어져 있다.
③ 하은이는 매일 바다에 나가 물놀이를 하고 있다.

3 하은이의 외할머니는 어떤 농사를 짓나요?

→ 감 자 와 옥 수 수 농사

4 보기 의 설명을 읽고, 빈칸에 어울리는 높임말을 쓰세요.

보기 높임말은 사람이나 물건을 높여서 이르는 말이에요.

(1) 선생님에게 → 선생님 께 (2) 있다 → 계 시다

📕 정답 14쪽

63

3주

4일

통합 소식지

우리 동네 소식을 알립니다

미리보기

📖 달팽이 서점

스웨터

소원을 빌다

공원

📢 오늘의 맞춤법 어려운 모음자가 쓰인 말 ㅟ, ㅞ

ㅟ와 ㅞ는 모양이 비슷해서 헷갈리기 쉬워요. ㅟ는 ㅜ와 ㅣ가 합하여 이루어진 글자이고, ㅞ는 ㅜ와 ㅔ가 합하여 이루어진 글자예요.

띄어쓰기 학습

🖊 띄어 쓰는 부분을 확인하고, 또박또박 따라 쓰세요.

털실로 스웨터를 짜 보자.

털	실	로	∨	스	웨	터	를	∨	짜	∨	보	자	.

🖊 문장의 순서에 맞게 빈칸에 알맞은 숫자를 쓰세요.

나는	빌었어요.	소원을	모아	두 손을
(1)	(5)	(4)	(3)	(2)

64

맞춤법·어휘 학습

🖊 빈칸에 알맞은 글자를 써넣어 문장을 완성하세요.

1 오랫동안 바랐던 소 **원** 이 이루어졌어요!

2 겨울에 입을 코트와 스 **웨** 터를 샀어요.

🖊 다음 문장에 들어갈 알맞은 말을 골라 ○표 하고, 빈칸에 쓰세요.

1 공원 (공원) ➔ 나는 강아지와 공 원 에서 산책했다.

2 (스웨터) 스외터 ➔ 이모가 나에게 스 웨 터 를 선물로 주었어요.

🖊 다음 낱말의 뜻을 읽고, 회색 글씨를 따라 쓰세요.

1 **원 하 다** : 무언가를 바라거나 하려고 하다.

예 나는 유적지를 둘러보는 여행을 원해.

2 **권 하 다** : 음식, 물건 등을 먹거나 이용하라고 말하다.

예 아빠가 나에게 김치찌개를 먹어 보라고 권했어요.

65

독해력 학습 **우리 동네 소식을 알립니다**

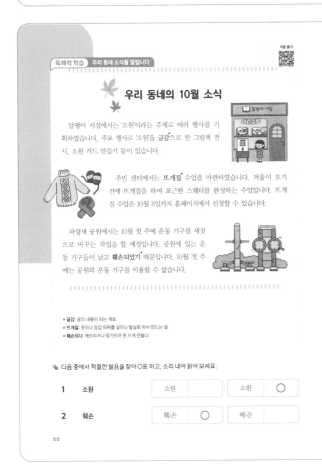

🍁 우리 동네의 10월 소식

달팽이 서점에서는 '소원'이라는 주제로 여러 행사를 기획하였습니다. 주요 행사로 소원을 글감*으로 한 그림책 전시, 소원 카드 만들기 등이 있습니다.

주민 센터에서는 **뜨개질*** 수업을 마련하였습니다. 겨울이 오기 전에 뜨개질을 하여 포근한 스웨터를 완성하는 수업입니다. 뜨개질 수업은 10월 8일까지 홈페이지에서 신청할 수 있습니다.

파랑새 공원에서는 10월 첫 주에 운동 기구를 새것으로 바꾸는 작업을 할 예정입니다. 공원에 있는 운동 기구들이 낡고 **훼손되었기*** 때문입니다. 10월 첫 주에는 공원의 운동 기구를 이용할 수 없습니다.

＊글감: 글의 내용이 되는 재료.
＊뜨개질: 옷이나 장갑 따위를 실이나 털실로 떠서 만드는 일.
＊훼손되다: 깨뜨리거나 망가뜨려 못 쓰게 만들다.

🖊 다음 중에서 적절한 발음을 찾아 ○표 하고, 소리 내어 읽어 보세요.

1 소원   소민   소원 ○

2 훼손   훼:손 ○   해:손

66

🖊 읽은 글의 내용을 확인해 보세요.

1 이 글의 내용으로 알맞지 **않은** 것은 무엇인가요?   (1)

내용 파악 ① 주민 센터에서는 다양한 겨울옷을 싼 값에 팔 예정이다.
② 파랑새 공원에서는 운동 기구를 새것으로 바꿀 예정이다.
③ 달팽이 서점에서는 '소원'을 주제로 여러 행사가 열릴 예정이다.

2 이 글을 읽은 사람이 할 수 있는 행동으로 알맞은 것에 ○표 하세요.

내용 추론 (1) 달팽이 서점의 책표지 만들기 행사에 참여한다.   (   )

(2) 주민 센터 홈페이지에서 뜨개질 수업을 신청한다.   (○)

(3) 10월 첫 주에 새 운동 기구를 이용하러 간다.   (   )

3 이 글에 대한 설명으로 알맞지 않은 것은 무엇인가요?   (2)

내용 분석 ① 동네의 새로운 소식을 알리는 글이다.
② 동네의 문제를 해결하기 위한 주장을 담은 글이다.
③ 동네 사람들이 알아야 할 다양한 정보를 전달하는 글이다.

4 다음 문장에서 알맞은 말을 골라 ○표 하세요.

어휘 적용 (1) 엄마께서 소파에 앉아 (뜨개질) 뜨게질 을 하신다.

(2) 도서관에서는 창고에 해손 (훼손) 된 책들을 모아 두었다.

67

15

5일 신기한 소화 과정

통합 맞춤법 동화

(미리보기)

오늘의 맞춤법 어려운 모음자가 쓰인 말 ㅘ, ㅟ, ㅢ
ㅘ는 ㅗ와 ㅏ가 합하여 이루어진 글자이고, ㅟ는 ㅜ와 ㅣ가 합하여 이루어진 글자예요. ㅢ는 ㅡ와 ㅣ가 합하여 이루어진 글자예요.

(띄어쓰기 학습)

✎ 띄어 쓰는 부분을 확인하고, 또박또박 따라 쓰세요.

음식물은 위에서 죽처럼 돼요.

음	식	물	은	∨	위	에	서	∨	죽	처	럼	∨	돼	요	.

✎ 문장의 순서에 맞게 빈칸에 알맞은 숫자를 쓰세요.

소화가	더부룩하네.	안되어	배가
(1)	(4)	(2)	(3)

68

(맞춤법·어휘 학습)

✎ 다음 문장에서 알맞은 말을 골라 ○표 하세요.

월

일

1 진우는 배가 너무 아파서 병원 **병원** 에 갔다.

2 이사 **의사** 선생님께서 내 몸에 병이 있는지 살펴보셨다.

✎ 다음 낱말의 뜻을 읽고, 회색 글씨를 따라 쓰세요.

1 소 화 : 음식물 속 영양소가 몸속에 스며드는 과정.

2 주 의 : ① 마음에 새겨 두고 조심함. ② 잘못이 없도록 일깨움.
③ 관심을 집중하여 기울임.

✎ 빈칸에 알맞은 글자를 보기 에서 찾아 문장을 완성하세요.

보기   화   휘   위   의

1 소 **화** 가 잘 안돼서 **화** 장실에 자주 가요.

2 **의** 사 선생님께서 차가운 것을 조금만 먹으라고 주 **의** 를 주었어요.

📖 정답 16쪽

69

(독해력 학습) 신기한 소화 과정

지문 듣기

의사인 혁이의 아버지께서 혁이네 반에 특별 수업을 하러 오셨어요.
"영양소는 우리 몸에 필요한 근육과 뼈, 에너지를 만드는 데 사용되어요. 소화란 음식물 속 영양소가 몸속에 스며드는 과정이에요. 우리는 입속에 넣은 음식물을 이로 잘게 부수고 침과 함께 꿀꺽 삼켜요. 음식물은 이제 어디로 갈까요?
음식물은 식도를 지나 위로 내려간답니다. 주머니처럼 생긴 위 속에서 음식물은 **소화액**과 섞여 죽처럼 걸쭉해져요. 그리고 십이지장을 지나 작은창자로 오면서 음식물은 매우 작은 영양소가 되고, 영양소는 작은창자 벽에서 **흡수**되어요. 흡수되지 못한 음식물 찌꺼기는 큰창자에서 어떻게 될까요?"
"똥이 돼요! 똥이 마려운데 화장실에 다녀와도 될까요?"
한 친구의 말에 혁이의 아버지께서 웃으시며 말씀하셨어요.
"좋아요. **대변**은 **항문**을 통해 몸 밖으로 나오죠. '소화'가 되면 '화장실'에 간다! 기억해 주세요!"

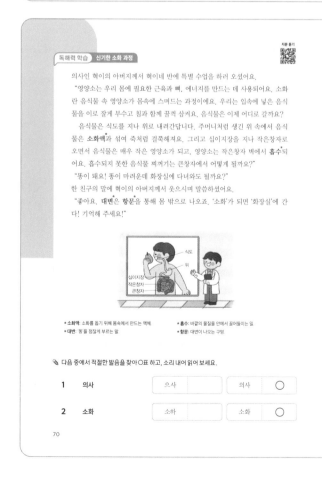
식도
십이지장
작은창자
큰창자
위

＊소화액: 소화를 돕기 위해 몸기에서 만드는 액체
＊대변: '똥'을 점잖게 부르는 말
＊흡수: 바깥의 물질을 안에서 끌어들이는 일
＊항문: 대변이 나오는 구멍

✎ 다음 중에서 적절한 발음을 찾아 ○표 하고, 소리 내어 읽어 보세요.

1	의사	으사		의사	○
2	소화	소하		소화	○

70

✎ 읽은 글의 내용을 확인해 보세요.

1 이 글에서 혁이의 아버지는 무엇을 설명하였나요?

➡ 우리 몸속의 소 화 과정

2 음식물이 몸속을 이동하는 과정을 떠올리며 문장을 완성하세요.

(1) 입안에서 음식물을 삼키면 음식물이 식 도 를 지나 위로 간다.

(2) 음식물은 주머니처럼 생긴 위 에서 죽처럼 걸쭉해진다.

(3) 음식물은 작은창자에서 매우 작은 영 양 소 가 된다.

(4) 흡수되지 못한 음식물 찌꺼기는 큰창자에서 대 변 이 된다.

3 영양소로 만드는 것이 아닌 것을 고르세요.

근육과 뼈	껍데기	에너지
( )	(○)	( )

4 다음 낱말과 뜻을 바르게 연결해 보세요.

(1) 걸쭉하다 — 바깥의 물질을 안에서 끌어들이다.

(2) 흡수하다 — 액체 등이 내용물이 많고 진하다.

📖 정답 16쪽

71

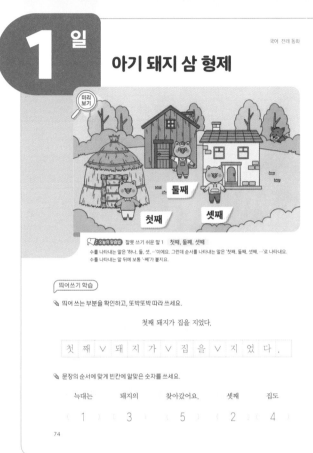

1일

국어 전래 동화

아기 돼지 삼 형제

미리
보기

🐷 오늘의 맞춤법 잘못 쓰기 쉬운 말 1 **첫째, 둘째, 셋째**

수를 나타내는 말은 '하나, 둘, 셋, …'이에요. 그런데 순서를 나타내는 말은 '첫째, 둘째, 셋째, …'로 나타내요.
수를 나타내는 말 뒤에 보통 '-째'가 붙지요.

띄어쓰기 학습

✏️ 띄어 쓰는 부분을 확인하고, 또박또박 따라 쓰세요.

첫째 돼지가 집을 지었다.

첫	째	∨	돼	지	가	∨	집	을	∨	지	었	다	.

✏️ 문장의 순서에 맞게 빈칸에 알맞은 숫자를 쓰세요.

늑대는	돼지의	찾아갔어요.	셋째	집도
1	3	5	2	4

74

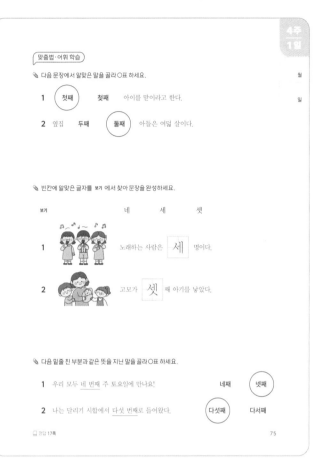

맞춤법·어휘 학습

✏️ 다음 문장에서 알맞은 말을 골라 ○표 하세요.

월

일

1 （첫째） 첫째 아이를 맏이라고 한다.

2 옆집 두째 （둘째） 아들은 여덟 살이다.

✏️ 빈칸에 알맞은 글자를 보기 에서 찾아 문장을 완성하세요.

보기   네   세   셋

1 노래하는 사람은 | 세 | 명이다.

2 고모가 | 셋 | 째 아기를 낳았다.

✏️ 다음 밑줄 친 부분과 같은 뜻을 지닌 말을 골라 ○표 하세요.

1 우리 모두 네 번째 주 토요일에 만나요!   네째 （넷째）

2 나는 달리기 시합에서 다섯 번째로 들어왔다.   （다섯째） 다서째

🔖 정답 17쪽

75

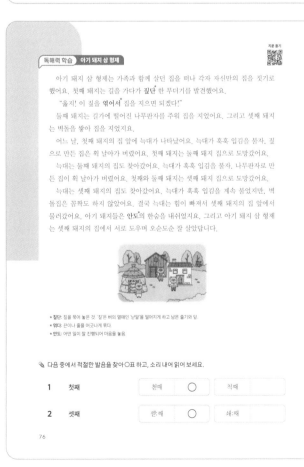

독해력 학습 **아기 돼지 삼 형제**

지문 듣기

아기 돼지 삼 형제는 가족과 함께 살던 집을 떠나 각자 자신만의 집을 짓기로 했어요. 첫째 돼지는 길을 가다가 **짚단** 한 무더기를 발견했어요.

"옳지! 이 짚을 **엮어서** 집을 지으면 되겠다!"

둘째 돼지는 길가에 떨어진 나무판자를 주워 집을 지었어요. 그리고 셋째 돼지는 벽돌을 쌓아 집을 지었지요.

어느 날, 첫째 돼지의 집 앞에 늑대가 나타났어요. 늑대가 후훅 입김을 불자, 짚으로 만든 집은 휙 날아가 버렸어요. 첫째 돼지는 둘째 돼지 집으로 도망갔어요.

늑대는 둘째 돼지의 집도 찾아갔어요. 늑대가 후훅 입김을 불자, 나무판자로 만든 집이 휙 날아가 버렸어요. 첫째와 둘째 돼지는 셋째 돼지 집으로 도망갔어요.

늑대는 셋째 돼지의 집도 찾아갔어요. 늑대가 후훅 입김을 계속 불었지만, 벽돌집은 꿈쩍도 하지 않았어요. 결국 늑대는 힘이 빠져서 셋째 돼지의 집 앞에서 물러갔어요. 아기 돼지들은 **안도**의 한숨을 내쉬었지요. 그리고 아기 돼지 삼 형제는 셋째 돼지의 집에서 서로 도우며 오순도순 잘 살았답니다.

• **짚단**: 짚을 묶어 놓은 것 짚은 벼의 낟알을 떨어지게 하고 남은 줄기와 잎
• **엮다**: 끈이나 줄을 이리저리 어긋나게 묶다
• **안도**: 어떤 일이 잘 진행되어 마음을 놓음

✏️ 다음 중에서 적절한 발음을 찾아 ○표 하고, 소리 내어 읽어 보세요.

1	첫째	첟째 ○	첟째
2	셋째	섿:째 ○	쇄:째

76

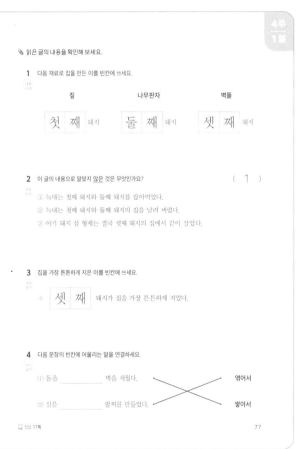

✏️ 읽은 글의 내용을 확인해 보세요.

1 다음 재료로 집을 만든 이를 빈칸에 쓰세요.

짚	나무판자	벽돌
첫 째 돼지	둘 째 돼지	셋 째 돼지

2 이 글의 내용으로 알맞지 않은 것은 무엇인가요?   (1)

① 늑대는 첫째 돼지와 둘째 돼지를 잡아먹었다.
② 늑대는 첫째 돼지와 둘째 돼지의 집을 날려 버렸다.
③ 아기 돼지 삼 형제는 결국 셋째 돼지의 집에서 같이 살았다.

3 집을 가장 튼튼하게 지은 이를 빈칸에 쓰세요.

➡ | 셋 | 째 | 돼지가 집을 가장 튼튼하게 지었다.

4 다음 문장의 빈칸에 어울리는 말을 연결하세요.

(1) 돌을 _____ 벽을 세웠다.   엮어서

(2) 실을 _____ 팔찌를 만들었다.   쌓아서

🔖 정답 17쪽

77

2일

통합 설명문

달려요, 주워요, 플로깅!

미리보기

땀을 식히다

다른 사람들

오늘의 맞춤법 잘못 쓰기 쉬운 말 1 다르다/틀리다, 시키다/식히다

'다르다'는 '서로 같지 않다.'라는 뜻이고, '틀리다'는 '사실이 아니거나 어긋나다.'라는 뜻이에요.
'시키다'는 '일을 하게 하다.'라는 뜻이고, '식히다'는 '더운 기운을 없애다.' 또는 '땀을 말리다.'라는 뜻이에요.

띄어쓰기 학습

✏️ 띄어 쓰는 부분을 확인하고, 또박또박 따라 쓰세요.

다른 사람들과 플로깅 해요.

| 다 | 른 | ∨ | 사 | 람 | 들 | 과 | ∨ | 플 | 로 | 깅 | ∨ | 해 | 요 | . |

✏️ 문장의 순서에 맞게 빈칸에 알맞은 숫자를 쓰세요.

잠깐	땀을	나눌까요?	식히고	이야기를
1	2	5	3	4

78

맞춤법·어휘 학습

✏️ 다음 낱말의 반대말을 보기 에서 찾아 빈칸에 쓰세요.

보기   틀리다   시키다   다르다

1 같다 ↔ | 다 | 르 | 다 | 2 맞다 ↔ | 틀 | 리 | 다 |

✏️ 다음 문장의 빈칸에 어울리는 말을 연결하세요.

1 아빠가 뜨거운 국을 ＿＿＿＿＿. ●   ● 식혔어요.

2 엄마가 아이에게 방 청소를 ＿＿＿＿＿. ●   ● 시켰어요.

✏️ 다음 문장에 들어갈 알맞은 말을 골라 ○표 하고, 빈칸에 쓰세요.

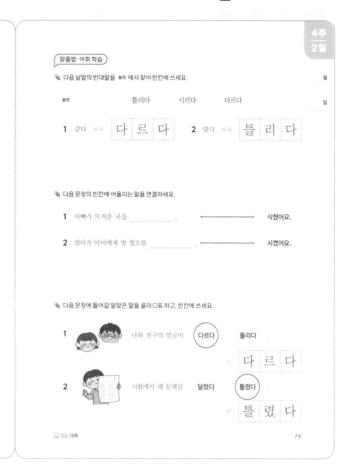

1   나와 친구의 얼굴이   다르다   틀리다

→ | 다 | 르 | 다 |

2   시험에서 세 문제를   달랐다   틀렸다.

→ | 틀 | 렸 | 다 |

정답 18쪽

79

지문 듣기

독해력 학습 달려요, 주워요, 플로깅!

누군가 시키지 않아도 쓰레기를 즐겁게 주울 수 있는 방법이 있을까요? 플로깅은 달리면서 쓰레기를 줍는 환경* 보호 운동이에요. 플로깅은 스웨덴어로 '줍다'를 뜻하는 '플로카 우프'와 영어로 '천천히 달리기'를 뜻하는 '조깅'이 합하여 이루어진 낱말이에요.

플로깅은 일반 달리기보다 운동 효과가 좋아요. 쓰레기를 줍기 위해 몸을 구부렸다 폈다 하면 다리 근육이 길러져요. 쓰레기를 들고 뛰다 보면 팔 근육도 길러지죠. 플로깅을 위한 준비물은 쓰레기봉투와 집게예요. 준비물이 참 간단하지요? 그래서 다른 사람들과 함께 바닷가, 산, 공원 등 어디에서나 손쉽게 즐길 수 있는 운동이지요. 플로깅을 열심히 하다가 힘이 들면 잠깐 쉬면서 땀을 식히고 이야기를 나누어도 좋아요.

* 환경: 생물에게 영향을 주는 자연적 조건이나 사회적 상황

✏️ 다음 중에서 적절한 발음을 찾아 ○표 하고, 소리 내어 읽어 보세요.

1 시키지   시키지 ○   식키지

2 식히고   시키고 ○   시히고

80

✏️ 읽은 글의 내용을 확인해 보세요.

1 이 글은 무엇에 대해 설명하는 글인지 알맞은 것에 ○표 하세요.

조깅	캠핑	플로깅
( )	( )	(○)

2 플로깅에 대한 설명으로 알맞지 않은 것은 무엇인가요? (2)

① 플로깅은 달리면서 쓰레기를 줍는 환경 보호 운동이다.
② 플로깅은 일반 달리기보다 운동 효과가 좋지 않다.
③ 플로깅의 준비물은 쓰레기봉투와 집게이다.

3 플로깅을 하는 방법으로 알맞은 것에 ○표 하세요.

(1) 쓰레기를 던지기 위해 팔을 구부렸다 폈다 해요. ( )

(2) 쓰레기를 줍기 위해 몸을 구부렸다 폈다 해요. (○)

4 다음 문장에 어울리는 말을 보기 에서 찾아 쓰세요.

보기   효과   운동   환경

(1) | 환 | 경 | 이 파괴되어 수많은 동물과 식물이 사라져요.

(2) 이 약은 | 효 | 과 | 가 매우 좋아요.

정답 18쪽

81

3일

통합 소개문

우리 가족을 소개합니다

할머니의 연세는 일흔 살

드시다

🔍 **오늘의 맞춤법** 잘못 쓰기 쉬운 말 1 **나이/연세, 먹다/드시다**

높임말은 사람이나 물건을 높여서 이르는 말이에요. '께서', '연세', '드시다', '계시다'처럼 웃어른과 관련된 말을 높여 불러요. 반대로, '저', '저희'처럼 낮추는 말을 낮춤말이라고 해요.

띄어쓰기 학습

✏️ 띄어 쓰는 부분을 확인하고, 또박또박 따라 쓰세요.

할머니께서는 연세가 많다.

할	머	니	께	서	는	∨	연	세	가	∨	많	다	.

✏️ 문장의 순서에 맞게 빈칸에 알맞은 숫자를 쓰세요.

드신다.	할머니께서	약과를	달짝지근한	맛있게
5	1	3	2	4

82

맞춤법·어휘 학습

✏️ 다음 문장에 들어갈 알맞은 말을 골라 ○표 하고, 빈칸에 쓰세요.

월

일

1 (나이) 연세 → 동생의 | 나 | 이 | 는 여섯 살이다.

2 나이 (연세) → 할아버지, | 연 | 세 | 가 어떻게 되세요?

✏️ 다음 낱말과 높임말을 알맞게 연결하세요.

높임말

1 🏠 집 ——————— 진지

2 🍚 밥 ——————— 댁

(집과 댁, 밥과 진지가 교차로 연결됨)

✏️ 회색 글씨를 따라 다음 낱말과 높임말을 따라 쓰세요.

높임말

1 아기가 방에 | 있 | 다 | ↔ 할아버지께서 방에 | 계 | 시 | 다 |

2 내가 밥을 | 먹 | 다 | ↔ 할머니께서 진지를 | 드 | 시 | 다 |

□ 정답 19쪽

83

📱 자문 듣기

독해력 학습 우리 가족을 소개합니다

저희 가족은 모두 다섯 명이에요. 할머니, 아빠, 엄마, 저와 동생이 우리 집에서 함께 살고 있어요.

할머니의 연세는 일흔 살이에요. 원래 할머니 댁은 다른 동네였지만, 작년부터 우리 집에 계시기로 했어요. 할머니는 약과를 드시는 것을 좋아해요.

아빠는 키가 크고, 목소리도 커요. 아빠는 책을 만드는 출판사에서 일해요. 아빠의 취미는 사진 찍기예요.

엄마는 약국에서 약을 지어 주는 약사예요. 엄마는 수많은 약 이름을 모두 기억하고, 돈 계산도 잘해요. 엄마는 목소리가 부드럽고 웃는 모습이 예뻐요.

제 남동생의 나이는 다섯 살이에요. 유치원에 다니는 동생은 축구를 좋아하고, 태권도를 잘해요. 동생의 꿈은 선생님이 되는 것이에요.

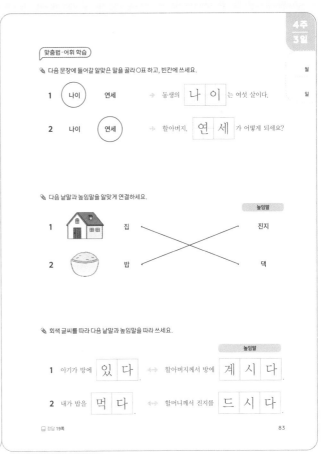

* **저희**: '우리'의 낮춤말
* **일흔**: 열의 일곱 배가 되는 수 숫자로 70.
* **저**: '나'의 낮춤말
* **취미**: 즐기기 위하여 하는 일

✏️ 다음 중에서 적절한 발음을 찾아 ○표 하고, 소리 내어 읽어 보세요.

1	연세	연쇄		연세	○

2	댁은	대근	○	대끈	

84

✏️ 읽은 글의 내용을 확인해 보세요.

1 글쓴이가 소개하지 않은 사람을 골라 ○표 하세요.

엄마	아빠	동생	할아버지	할머니
( )	( )	( )	(○)	( )

2 글쓴이가 소개한 내용이 아닌 것은 무엇인가요? (2)

① 아빠의 직업 ② 엄마의 취미 ③ 동생의 꿈

3 소개하는 글을 읽으면 좋은 점을 골라 ○표 하세요.

(1) 글쓴이가 평소에 상상하는 일을 알 수 있어. ( )

(2) 잘 몰랐던 사람이나 물건의 특징을 알 수 있어. (○)

4 보기 의 뜻을 보고, 다음 문장에 알맞은 낱말을 쓰세요.

보기

즐기기 위하여 하는 일.

내 | 취 | 미 | 는 로봇 만들기, 색종이 접기이다.

□ 정답 19쪽

85

4주

4일

통합 생활문

강아지가 태어났어요

걱정되던 날

구름이가 새끼들을 낳았다.

오늘의 맞춤법 잘못 쓰기 쉬운 말 1 -던/-든, -았/-었/-였

'-던'은 지난간 과거의 어떤 상태를 뜻하고, '-든'은 어느 쪽이든 차이가 없을 때 사용하는 말이에요.
'-았-', '-었-', '-였-'은 모두 시간을 뜻하는 말 뒤에 붙어 지난간 과거를 나타내는 말이에요.

띄어쓰기 학습

✎ 띄어 쓰는 부분을 확인하고, 또박또박 따라 쓰세요.

구름이가 새끼들을 낳았다.

구	름	이	가	∨	새	끼	들	을	∨	낳	았	다	.

✎ 문장의 순서에 맞게 빈칸에 알맞은 숫자를 쓰세요.

걱정되던	구름이가	손톱을	나는	물어뜯었다.
(2)	(1)	(4)	(3)	(5)

86

맞춤법·어휘 학습

✎ 빈칸에 알맞은 글자를 써넣어 문장을 완성하세요.

월

일

1 밥이 든 빵이 든 아무것이나 주세요.

2 어제 먹 던 치킨이 왜 사라졌을까?

✎ 빈칸에 알맞은 글자를 보기 에서 찾아 문장을 완성하세요.

보기   았   었   였

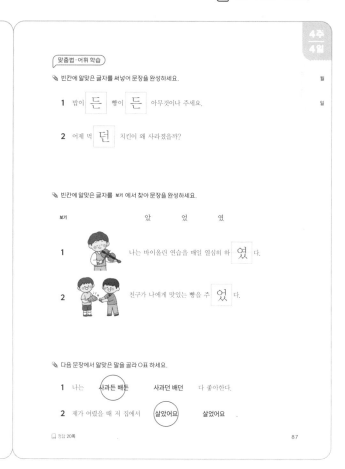

1 나는 바이올린 연습을 매일 열심히 하 였 다.

2 친구가 나에게 맛있는 빵을 주 었 다.

✎ 다음 문장에서 알맞은 말을 골라 O표 하세요.

1 나는 (사과든 배든) / 사과던 배던 다 좋아한다.

2 제가 어렸을 때 저 집에서 (살았어요) / 살었어요

독해력 학습 강아지가 태어났어요

지문 듣기

지난 토요일 아침, 우리 집 개 구름이가 낑낑대는 소리에 잠에서 깼다.

"구름이를 만지면 안 돼."

오빠는 개가 새끼들을 낳을 때는 최대한 모른 척해야 한다고 말하였다. 나는 얼마나 구름이가 걱정되던지 손톱을 물어뜯었다. 눈물도 나올 것 같았다.

그렇게 한 시간쯤 지나자 구름이가 새끼를 낳았다. 아주 작고 귀여운 강아지였다. 첫 번째 강아지가 나오고, 얼마 지나지 않아 세 마리가 더 나왔다! 아파하던 구름이는 괜찮아진 것 같았다. 강아지들은 눈을 감은 채 구름이의 젖을 열심히 먹었다. 구름이와 강아지들이 건강해 보여 참 다행스럽다.

"강아지들은 2~3주 정도 지나면 눈을 떠서 앞을 볼 수 있어. 그때부터 걷기 시작하고 소리도 들을 수 있단다."

아빠께서 말씀하셨다. 구름이는 우리 집 막내였는데 이제 엄마가 되었다. 식구들이 늘어 기쁘고 설렌다. 구름이와 새끼들을 잘 보살펴야겠다.

✎ 다음 중에서 적절한 발음을 찾아 O표 하고, 소리 내어 읽어 보세요.

1 같았다   가탇따 O   가탐따

2 강아지였다   강아지역따   강아지엳따 O

88

✎ 읽은 글의 내용을 확인해 보세요.

1 어떤 일에 대해 쓴 글인지 빈칸에 알맞은 말을 쓰세요.

➡ 집에서 기르는 개 가 새끼들을 낳 은 일

2 이 글에서 글쓴이가 겪은 일이 아닌 것에 X표 하세요.

(1) 개가 낑낑대는 소리를 듣고 잠에서 깼다. (   )

(2) 강아지들이 어미의 젖을 먹는 모습을 보았다. (   )

(3) 강아지들이 눈을 뜨고 걷는 모습을 보았다. (X)

3 이 글에 대한 설명으로 알맞지 않은 것은 무엇인가요? (2)

① 글쓴이의 경험이 나타나 있다.

② 글쓴이의 상상이 나타나 있다.

③ 글쓴이의 생각과 느낌이 나타나 있다.

4 다음 뜻과 낱말을 알맞게 연결하세요.

(1) 병이나 상처 등이 고쳐져 본래대로 되다. ———— 낫다

(2) 아기, 새끼, 알 등을 몸 밖으로 내보내다. ———— 낳다

5일

국어 맞춤법 동화

삼촌, 내일 뵈어요

미리
보기

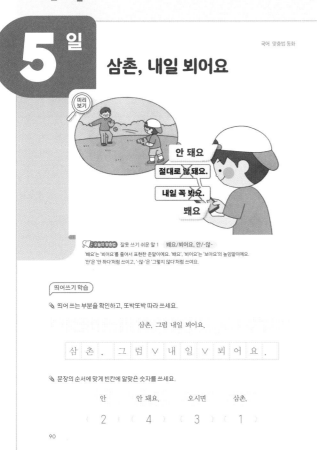

안 돼요

절대로 않 돼요.

내일 꼭 뵈요.

봬요

📣 **오늘의 맞춤법** 잘못 쓰기 쉬운 말 1 봬요/뵈어요, 안-/-않-

'봬요'는 '뵈어요'를 줄여서 표현한 준말이에요. '봬요', '뵈어요'는 '보아요'의 높임말이에요.
'안'은 '안 하다'처럼 쓰이고, '-않-'은 '그렇지 않다'처럼 쓰여요.

띄어쓰기 학습

✏️ 띄어 쓰는 부분을 확인하고, 또박또박 따라 쓰세요.

삼촌, 그럼 내일 뵈어요.

삼	촌	,		그	럼	∨	내	일	∨	뵈	어	요	.

✏️ 문장의 순서에 맞게 빈칸에 알맞은 숫자를 쓰세요.

안   안 돼요.   오시면   삼촌.

(2)   (4)   (3)   (1)

90

맞춤법·어휘 학습

월

일

✏️ 회색 글씨를 따라 다음 낱말과 높임말을 따라 쓰세요.

높임말

1 보 다 ↔ 뵙 다 또는 뵈 다

2 보 아 요 ↔ 뵈 어 요 또는 봬 요

✏️ 다음 문장에서 알맞은 말을 골라 ○표 하세요.

1 아기가 강아지를   [보아요]   뵈어요 .

2 학생이 선생님을   [뵙다]   봅다 .

✏️ 다음 문장에 들어갈 알맞은 말을 골라 ○표 하고, 빈칸에 쓰세요.

1 (안)   않   ➕   나는 어두운 밤이   [안]   무섭다.

2 안다   (않다)   ➕   나는 어두운 밤이 무섭지   [않 다]

독해력 학습 삼촌, 내일 뵈어요

지문 듣기

일주일에 한 번, 삼촌은 희준이네 집에 와요. 희준이는 이 날을 손꼽아 기다려요.*
희준이는 삼촌을 보고 싶은 마음에 문자 메시지를 보냈어요.

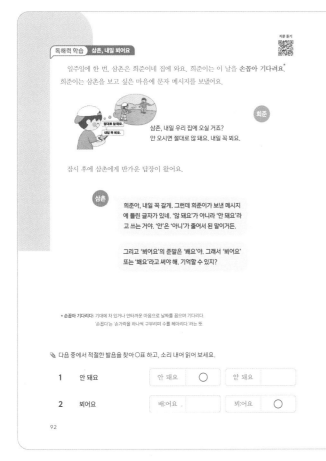

희준

삼촌, 내일 우리 집에 오실 거죠?
안 오시면 절대로 않 돼요. 내일 꼭 뵈요.

잠시 후에 삼촌에게 반가운 답장이 왔어요.

삼촌

희준아, 내일 꼭 갈게. 그런데 희준이가 보낸 메시지
에 틀린 글자가 있네. '않 돼요'가 아니라 '안 돼요'라
고 쓰는 거야. '안'은 '아니'가 줄어서 된 말이거든.

그리고 '뵈어요'의 준말은 '봬요'야. 그래서 '뵈어요'
또는 '봬요'라고 써야 해. 기억할 수 있지?

＊ **손꼽아 기다리다:** 기대에 차 있거나 안타까운 마음으로 날짜를 꼽으며 기다리다.
'손꼽다'는 '손가락을 하나씩 구부리며 수를 헤아리다.'라는 뜻

✏️ 다음 중에서 적절한 발음을 찾아 ○표 하고, 소리 내어 읽어 보세요.

1	안 돼요	안 돼요	○	않 돼요	
2	뵈어요	배:어요		뵈:어요	○

92

✏️ 읽은 글의 내용을 확인해 보세요.

1 희준이의 문자 메시지를 바르게 고친 것에 ○표 하세요.

중심
내용

안 오시면 절대로 안 돼요.   안 오시면 절대로 않 돼요.
내일 꼭 뵈어요.   내일 꼭 봬요.

(○)   (   )

2 이 글의 내용으로 알맞지 않은 것은 무엇인가요?   (1)

세부
내용

① 삼촌은 일주일에 두 번 희준이네 집에 온다.

② 희준이는 삼촌이 집에 오는 날을 기다린다.

③ 삼촌은 희준이가 잘못 쓴 글자를 가르쳐 주었다.

3 삼촌의 문자 메시지에 대한 희준이의 답장으로 알맞은 것에 ○표 하세요.

추리

네, 삼촌, 기억할게요.   아니에요, 삼촌, 괜찮아요.

(○)   (   )

4 다음 빈칸에 알맞은 말을 써넣어 문장을 완성하세요.

어휘
표현

➕ 나는 가족과 놀이동산에 가는 날을 [손 꼽 아] 기다리고 있다.

21

1일

국어 전래 동화

빨강 부채, 파랑 부채

미리보기

작다

부자가 되길 바라다

🔊 오늘의 맞춤법 잘못 쓰기 쉬운 말 2 작다/적다, 바라다/바래다

'작다'는 크기나 길이, '적다'는 수나 양과 관련 있어요. '작아지다'는 '작은 상태로 되다.'라는 뜻이에요.
'바라다'는 '원하다'라는 뜻이고, '바래다'는 '볕이나 습기 때문에 색이 변하다.'라는 뜻이에요.

띄어쓰기 학습

✏️ 띄어 쓰는 부분을 확인하고, 또박또박 따라 쓰세요.

작은 부채 두 자루가 있다.

작	은	∨	부	채	∨	두	∨	자	루	가	∨	있	다	.

✏️ 문장의 순서에 맞게 빈칸에 알맞은 숫자를 쓰세요.

되기를   나무꾼은   부자가   바랐다.

(3)   (1)   (2)   (4)

96

맞춤법·어휘 학습

✏️ 앞의 말에 이어질 말을 연결하세요.

1 아이가 소원이 이루어지길 —— 바래다.

2 옷이 오래되어 색이 —— 바라다.

✏️ 다음 낱말의 반대말을 보기 에서 찾아 빈칸에 쓰세요.

보기   작다   잡다   적다   젓다

1 많다 → | 적 | 다 |

2 크다 → | 작 | 다 |

✏️ 다음 문장에 들어갈 알맞은 말을 골라 ○표 하고, 빈칸에 쓰세요.

1 혼이 날까 봐 무서워서 목소리가 점점   적어졌다   ⟨작아졌다⟩

→ | 작 | 아 | 졌 | 다 |

2 방학 동안에 즐겁게 보내길   ⟨바라요⟩   바래요

→ | 바 | 라 | 요 |

📖 정답 22쪽

97

독해력 학습 빨강 부채, 파랑 부채

자료 듣기

옛날 어느 마을에 꾀가 많은 나무꾼이 살았어요. 어느 날, 나무꾼이 산에서 작은 부채 두 자루를 발견했어요. 빨강 부채와 파랑 부채였지요. 나무꾼이 땀을 식히려고 빨강 부채를 들고 팔랑팔랑 부채질을 하는데, 갑자기 코가 쑥쑥 커졌어요.

나무꾼은 깜짝 놀라 파랑 부채를 부쳤어요. 그러자 코가 점점 작아졌어요.

"세상에 이럴 수가! 요술 부채로 부자가 될 수 있겠어!"

나무꾼은 부자가 되려는 욕심이 생겼어요. 마침, 마을에서 부자 영감*의 생일잔치가 열렸어요. 나무꾼은 영감의 옆에서 빨강 부채를 살살 흔들었어요. 나무꾼이 바란 대로 영감의 코는 조금씩 커졌지요.

며칠 후, 부자 영감이 앓아누웠다*는 소문이 퍼졌어요. 나무꾼은 용한* 약을 가져왔다고 영감을 속이고, 파랑 부채를 살살 부쳤어요. 코가 작아진 영감은 크게 기뻐하며 나무꾼에게 금은보화를 잔뜩 주었어요.

부자가 된 나무꾼은 심심해져서 코를 하늘까지 늘려 보았어요. 옥황상제가 하늘까지 올라온 코를 보고 화를 벌컥 내었지요.

"당장 저놈을 밧줄로 묶어라!"

코가 꽁꽁 묶인 나무꾼은 점점 하늘로 올라갔어요. 나무꾼이 파랑 부채를 급히 부치자 코가 점점 작아져서 그만 쿵! 땅으로 떨어지고 말았어요.

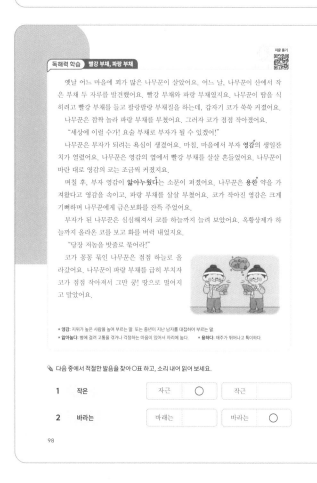

* 영감: 지위가 높은 사람을 높여 부르는 말. 또는 중년이 지난 남자를 대접하여 부르는 말.
* 앓아눕다: 병에 걸려 고통을 겪거나 걱정하는 마음이 있어서 자리에 눕다. * 용하다: 재주가 뛰어나고 특이하다.

✏️ 다음 중에서 적절한 발음을 찾아 ○표 하고, 소리 내어 읽어 보세요.

1 작은   자근 ○   작근

2 바라는   바래는   바라는 ○

98

✏️ 읽은 글의 내용을 확인해 보세요.

1 이 글의 내용에 알맞은 것끼리 연결하세요.

(1) 빨강 부채 ———————— 코를 커지게 한다.

(2) 파랑 부채 ———————— 코를 작아지게 한다.

2 나무꾼이 한 일이 아닌 것은 무엇인가요?   (3)

① 산에서 빨강 부채와 파랑 부채를 주웠다.
② 빨강 부채를 흔들어 부자 영감의 코를 커지게 했다.
③ 용한 약을 가져다주어 부자 영감의 병을 고쳐 주었다.

3 나무꾼의 성격으로 알맞지 않은 것에 ○표 하세요.

꾀가 많다.   욕심이 많다.   이해심이 많다.

(   )   (   )   (○)

4 다음 뜻에 알맞은 낱말을 보기 에서 찾아 빈칸에 쓰세요.

보기   살살   쑥쑥   싹싹

(1) 갑자기 많이 커지거나 자라는 모양. → | 쑥 | 쑥 |

(2) 남이 모르게 살그머니 행동하는 모양. → | 살 | 살 |

📖 정답 22쪽

99

5주

2일

통합 설명문

개미의 의사소통

미리 보기

냄새로 먹이가 있는 쪽을 가리키다

땅에 배를 대다

🔊 오늘의 맞춤법 잘못 쓰기 쉬운 말 2 **가리키다/가리키다, 대다/데다**

'가리치다'는 '알려 주다.'라는 뜻이고, '가리키다'는 '손가락 등으로 집어서 보이거나 말하다.'라는 뜻이에요.
'대다'는 '무엇을 어디에 닿게 하다.'라는 뜻이고, '데다'는 '뜨거운 것에 살이 상하다.'라는 뜻이에요.

띄어쓰기 학습

✏️ 띄어 쓰는 부분을 확인하고, 또박또박 따라 쓰세요.

냄새가 길을 가리켜요.

냄	새	가	∨	길	을	∨	가	리	켜	요	.

✏️ 문장의 순서에 맞게 빈칸에 알맞은 숫자를 쓰세요.

끝부분을	개미는	대요.	땅에	배의
3	1	5	4	2

100

맞춤법·어휘 학습

✏️ 다음 문장에 들어갈 알맞은 말을 골라 ○표 하고, 빈칸에 쓰세요.

1 아이가 떨어지는 별을   가르치다   **가리키다**

가	리	키	다

2 선생님께서 노래를   **가르치다**   가리키다

가	르	치	다

✏️ 빈칸에 알맞은 글자를 써넣어 문장을 완성하세요.

1 의자에 엉덩이를 **대** 고 똑바로 앉았다.

2 동생이 뜨거운 냄비에 손을 **데** 어 병원에 갔다.

✏️ 다음 밑줄 친 부분을 바르게 고친 것을 골라 ○표 하세요.

1 시계가 9시를 <u>가리치고</u> 있다.   가르치고   **가리키고**

2 의자에 등을 똑바로 <u>데고</u> 앉아요.   데고   **대고**

독해력 학습   개미의 의사소통

지문 듣기

개미는 서로 어떻게 **의사소통**˚을 할까요? 개미는 주로 몸에서 나오는 '페로몬'이라는 화학 물질로 동료 개미에게 신호를 보내요. 개미는 다양한 종류의 페로몬을 만들어 낼 수 있고, 다른 개미가 뿌린 페로몬 냄새를 더듬이로 맡을 수 있어요.

개미는 먹이를 발견하면 배의 끝부분을 땅에 대고 페로몬을 뿌리며 집으로 돌아와요. 동료 개미에게 먹이의 위치를 가리키기 위해 냄새 길을 만드는 거예요. 동료 개미는 냄새 길을 따라가 먹이를 찾고, 냄새 길에 똑같이 페로몬을 뿌려요. 이렇게 하면 냄새 길이 사라지지 않아요. 그런데 냄새 길 끝의 먹이를 다른 개미들이 다 가져가서 더 이상 먹이가 없다면 개미는 페로몬을 뿌리지 않아요. 그러면 냄새 길이 사라지지요.

개미는 위험에 처해 도움을 요청할 때엔 **경보**˚ 페로몬을 뿌려요. 동료 개미들은 경보 페로몬 냄새를 맡고 순식간에 위기에 처한 개미에게 모여들어요. 이처럼 개미들은 자기들만의 방식으로 의사소통을 해요.

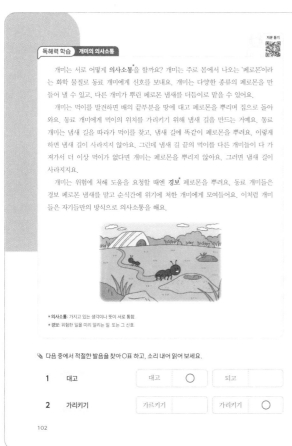

˚ **의사소통**: 가지고 있는 생각이나 뜻이 서로 통함.
˚ **경보**: 위험한 일을 미리 알리는 일. 또는 그 신호.

✏️ 다음 중에서 적절한 발음을 찾아 ○표 하고, 소리 내어 읽어 보세요.

1	대고	대고	○	되고	
2	가리키기	가르키기		가리키기	○

102

✏️ 읽은 글의 내용을 확인해 보세요.

1 이 글은 무엇을 설명하는 글인지 빈칸에 알맞은 말을 쓰세요.

→ 개미가 | 의 | 사 | 소 | 통 | 하는 방법

2 이 글에서 설명한 내용으로 알맞지 <u>않은</u> 것은 무엇인가요?   (**3**)

① 개미는 페로몬으로 냄새 길을 만든다.
② 개미는 다양한 종류의 페로몬을 만든다.
③ 개미가 만든 냄새 길은 시간이 지나도 영원히 사라지지 않는다.

3 개미가 페로몬을 뿌리는 상황으로 알맞지 <u>않은</u> 것에 ○표 하세요.

먹이의 위치를 알려 주는 상황	위험에 처해 도움을 요청하는 상황	집에 가는 시간을 알려 주는 상황
( )	( )	(○)

4 다음 문장에서 알맞은 말을 골라 ○표 하세요.

(1) 하늘에서 비를   **뿌리고**   부르고   있다.

(2) 친구가 땅속 보물을   발명하고   **발견하고**   크게 소리쳤다.

통합 설명문

늘 한가위만 같아라

🔍오늘의맞춤법 잘못 쓰기 쉬운 말 2 빚다/빗다, 늦다/늘다

'빚다'는 '재료를 반죽해서 모양을 만들다.'라는 뜻이고, '빗다'는 '털을 빗으로 고르다.'라는 뜻이에요. '늦다'
는 '정해진 때보다 지나다.'라는 뜻이고, '늘다'는 '길이, 넓이가 커지다.' 또는 '양이 많아지다.'라는 뜻이에요.

띄어쓰기 학습

✏️ 띄어 쓰는 부분을 확인하고, 또박또박 따라 쓰세요.

송편을 예쁘게 빚어요.

송	편	을	∨	예	쁘	게	∨	빚	어	요	.

✏️ 문장의 순서에 맞게 빈칸에 알맞은 숫자를 쓰세요.

밤에	보름달을	빌어요.	소원을	보며
1	2	5	4	3

104

맞춤법·어휘 학습

✏️ 다음 문장에 어울리는 낱말을 보기 에서 찾아 쓰세요.

보기   빗고   빚고

1   도예가가 도자기를 | 빚 | 고 | 있다.

2   언니가 긴 머리를 | 빗 | 고 | 있다.

✏️ 다음 문장의 빈칸에 어울리는 말을 연결하세요.

1   버스가 안 와서 학교에 ⟍ 늘었다

2   간식을 많이 먹어서 몸무게가 ⟋ 늦었다

✏️ 다음 문장에 들어갈 알맞은 말을 골라◯표 하고, 빈칸에 쓰세요.

1   나는 엄마와 함께 만두를   빗었다   (빚었다) → | 빚 | 었 | 다 |

2   그림 실력이 많이   (늘었다)   늦었다 → | 늘 | 었 | 다 |

정답 24쪽   105

지문 듣기

독해력 학습 늘 한가위만 같아라

  음력 8월 15일은 우리나라의 대표적인 명절인 추석이에요. 추석이라는 말은 가을
의 달빛이 가장 좋은 밤이라는 뜻을 지녀요. 추석은 한가위라고도 불리지요.
  가을은 한 해 동안 기른 곡식을 거두어들이는 계절이에요. 그래서 옛날부터 추석
무렵에는 먹거리가 넉넉했어요. '더도 말고 덜도 말고 늘 한가위만 같아라.'라는 속담
도 있지요. 늘 한가위처럼 잘 먹고 즐겁게 지내기를 바라는 말이에요.
  추석 전에는 친척들이 한자리에 모여 **햇곡식**, 햇과일로 차례 음식을 준비해요.
또 다 같이 둘러앉아 송편도 예쁘게 빚어요. 송편은 쌀가루로 만든 반죽 속에 깨,
콩, 팥 등을 넣고, 반달 모양으로 빚어 솔잎을 깔고 찌는 떡이에요.
  추석날 아침에는 정성껏 준비한 음식을 상에 차려 놓고 차례를 지내요. 낮에는
성묘를 가져요. 그리고 늦은 밤에는 밝고 둥근 보름달을 보며 소원을 빌어요.

* **음력**: 달을 기준으로 하는 달력 체계
* **햇곡식**: 그해에 난 곡식. '햇-'이 붙으면 '그해에 난'이라는 뜻을 더함
* **성묘**: 조상의 산소를 찾아가서 돌보는 일

✏️ 다음 중에서 적절한 발음을 찾아◯표 하고, 소리 내어 읽어 보세요.

1	빚어요	비저요	◯	비더요	
2	늦은	느든		느즌	◯

106

✏️ 읽은 글의 내용을 확인해 보세요.

1 이 글에서 설명하지 <u>않은</u> 것을 골라 ◯표 하세요.

추석에 하는 일	추석에 입는 옷	추석에 먹는 음식
( )	(◯)	( )

2 이 글의 내용으로 알맞지 <u>않은</u> 것은 무엇인가요? (3)

① 추석은 음력 8월 15일이며 한가위라고도 불린다.
② 추석 전에는 햇곡식, 햇과일로 차례 음식을 준비한다.
③ 추석날 밤에는 눈썹 같은 초승달을 보며 소원을 빈다.

3 보기 의 속담에 담긴 의미로 알맞은 것을 골라 ◯표 하세요.

보기   더도 말고 덜도 말고 늘 한가위만 같아라.

(1) 늘 한가위처럼 잘 먹고 즐겁게 지내기를 바란다. (◯)

(2) 한가위에는 씨를 뿌리며 곡식이 잘 자라기를 바란다. (   )

4 다음 뜻에 알맞은 낱말을 보기 에서 찾아 빈칸에 쓰세요.

보기   음력   송편   성묘

(1) 달을 기준으로 하는 달력 체계. → | 음 | 력 |

(2) 조상의 산소를 찾아가서 돌보는 일. → | 성 | 묘 |

정답 24쪽   107

4일

통합 설명문

방귀가 나오는 이유

미리 보기 · 왠지

왠지 모르게 방귀가 뿡뿡 나오네?

뀌다

📌 오늘의 맞춤법 잘못 쓰기 쉬운 말 2 웬/왠지, 뀌다/꾸다

'웬'은 '어찌 된' 또는 '어떠한'의 뜻이고, '왠지'는 '왜 그런지 모르게.'의 뜻이에요. '뀌다'는 '방귀 등을 몸 밖으로 내보내다.'라는 뜻이고, '꾸다'는 '나중에 갚기로 하고 남의 것을 빌려 쓰다.'라는 뜻이에요.

띄어쓰기 학습

✏️ 띄어 쓰는 부분을 확인하고, 또박또박 따라 쓰세요.

왠지 방귀가 나오려고 해.

왠	지	∨	방	귀	가	∨	나	오	려	고	∨	해	.

✏️ 문장의 순서에 맞게 빈칸에 알맞은 숫자를 쓰세요.

뿡뿡	방귀를	말았어.	뀌고	나는
(3)	(2)	(5)	(4)	(1)

108

맞춤법·어휘 학습

✏️ 다음 문장에서 빈칸에 들어갈 알맞은 글자를 골라 ∨표 하세요.

1 우리 집 앞에 ___ 아이가 서 있다. ➡ ☑ 웬 ☐ 왠

2 오늘은 ___ 친구가 멋있어 보인다. ➡ ☐ 웬 ☑ 왠

✏️ 다음 문장에 들어갈 알맞은 말을 골라 ○표 하고, 빈칸에 쓰세요.

1 지갑을 잃어버려서 친구에게 돈을 (꾸었다) 뀌었다 .

➡ | 꾸 | 었 | 다 |
|---|---|---|

2 (왠일로) 웬일로 이렇게 일찍 일어났니?

➡ | 웬 | 일 | 로 |
|---|---|---|

✏️ 다음 문장에서 맞춤법에 맞는 말을 골라 ○표 하세요.

1 오빠가 (왠지) 웬지 표정이 좋지 않아 보인다.

2 스컹크가 냄새가 독한 방귀를 꾼다 (뀐다) .

109

독해력 학습 방귀가 나오는 이유

지문 듣기

사람이 많고 조용한 곳에서 왠지 방귀가 나오려고 하면 당황스러워요. 방귀는 왜 나오는 걸까요?

우리는 음식을 먹을 때 공기도 함께 삼켜요. 삼킨 공기가 가스와 함께 입을 통해 나오는 것이 트림이에요. 그리고 삼킨 공기가 장 속의 세균*이 음식물 찌꺼기를 분해*하면서 만들어지는 가스와 섞여 항문으로 나오는 것이 방귀예요.

그래서 방귀 냄새는 우리가 먹는 음식에 따라 달라요. 고기나 우유, 콩 등을 많이 먹으면 방귀 냄새가 지독해져요.

또 방귀는 음식을 많이 먹거나 소화가 잘되지 않을 때 많이 나와요. 그렇지만 방귀를 참으면 방귀가 몸속에 남게 되어 건강에 좋지 않아요. 반면에 신선한 채소와 과일, 요구르트를 많이 먹거나 물을 많이 마시면 몸속 가스가 적어져서 방귀를 덜 뀌게 되어요.

* 세균: 다른 생물의 몸에 살면서 병을 일으키는 아주 작은 생물.
* 분해: 여러 부분이 모여 이루어진 것을 하나하나씩 나눔.

✏️ 다음 중에서 적절한 발음을 찾아 ○표 하고, 소리 내어 읽어 보세요.

1 왠지	왜지 ☐	왠지 ○

2 뀌게	꾸게 ☐	뀌게 ○

110

✏️ 읽은 글의 내용을 확인해 보세요.

1 방귀가 나오는 이유는 무엇인지 빈칸에 알맞은 말을 쓰세요.

➡ 입으로 들어간 공기가 장 속 | 가 | 스 | 와 섞여 항문으로 나오기 때문이다.

2 이 글의 내용으로 맞으면 ○표 하고, 틀리면 X표 하세요.

(1) 장 속 세균이 음식물 찌꺼기를 분해하면서 가스가 만들어진다. (○)

(2) 방귀는 음식을 많이 먹거나 소화가 잘되지 않을 때 많이 나온다. (○)

(3) 방귀를 참으면 방귀가 몸속에 남아 건강에 좋다. (X)

3 방귀를 덜 뀔 수 있는 방법으로 알맞지 않은 것에 ○표 하세요.

채소와 과일, 요구르트를 많이 먹는다.	고기나 콩, 우유를 많이 먹는다.
( )	(○)

4 다음 뜻과 낱말을 알맞게 연결하세요.

(1) 여러 부분이 모여 이루어진 것을 하나하나씩 나눔. ╳ 세균

(2) 다른 생물의 몸에 살면서 병을 일으키는 아주 작은 생물. 분해

111

5일

국어 맞춤법 동화

맛있는 장조림 만들기

절이다

센 불

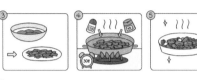

오늘의 맞춤법 잘못 쓰기 쉬운 말 2 **절이다/조리다, 세다/새다**
'절이다'는 '소금, 간장 등에 담가 간이 배어들게 하다.'의 뜻이고, '조리다'는 '재료를 물에 넣고 계속 끓여서
양념이 배게 하다.'의 뜻이에요. '세다'는 '힘이 많다.'의 뜻이고, '새다'는 '틈으로 나오다.'의 뜻이에요.

띄어쓰기 학습

✎ 띄어 쓰는 부분을 확인하고, 또박또박 따라 쓰세요.

소고기를 설탕물에 절여요.

소	고	기	를	∨	설	탕	물	에	∨	절	여	요	.

✎ 문장의 순서에 맞게 빈칸에 알맞은 숫자를 쓰세요.

설탕을	간장과	조려요.	육수에	넣고
(3)	(2)	(5)	(1)	(4)

112

맞춤법·어휘 학습

✎ 다음 그림에 알맞은 말을 골라 ○표 하세요.

1	배추를 소금에	저리다	**절이다**

2	멸치를 간장에	**조리다**	졸이다

✎ 다음 문장에서 알맞은 말을 골라 ○표 하세요.

1 복숭아를 설탕물에 **절여요** 저려요

2 무서운 영화를 보면서 가슴을 **졸여요** 조려요

✎ 앞의 말에 이어질 말을 연결하세요.

1 오늘은 바람이 ——————— 세다.

2 수도꼭지에서 물이 ——————— 새다.

정답 26쪽

113

독해력 학습 맛있는 장조림 만들기

지문 듣기

진이가 가장 좋아하는 반찬은 장조림이에요. 진이는 장조림을 직접 만들어 보기
로 결심했어요. 그래서 인터넷으로 장조림 만드는 방법을 검색해 보았어요. 진이는
장조림 만드는 영상을 보며 장조림 만드는 방법을 열심히 적었어요.

★ 장조림 만드는 방법

1. 소고기를 설탕물에 넣고 1시간 동안 절여요.
2. 설탕물에서 뺀 고기를 냄비에 넣고, 물을 채워요. 냄비에 배, 대파, 버섯, 마늘,
   고추를 넣고 5분 동안 센 불에 **삶아요.**
3. 삶은 고기를 꺼내 잠시 식힌 다음, 고기를 손으로 잘게 찢어요.
4. 고기를 삶았던 육수에 잘게 찢은 고기, 간장, 설탕을 넣고 30분 동안 조려요.
5. 장조림을 냄비에서 꺼내 예쁜 그릇에 담아요.

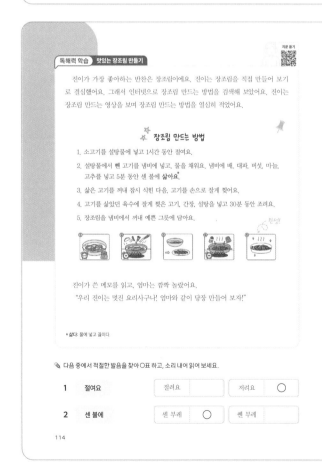

진이가 쓴 메모를 읽고, 엄마는 깜짝 놀랐어요.
"우리 진이는 멋진 요리사구나! 엄마와 같이 당장 만들어 보자!"

* 삶다: 물에 넣고 끓이다.

✎ 다음 중에서 적절한 발음을 찾아 ○표 하고, 소리 내어 읽어 보세요.

1	절여요	절려요		저려요	○

2	센 불에	센 부레	○	쎈 부레	

114

✎ 읽은 글의 내용을 확인해 보세요.

1 진이가 영상을 보고 적은 내용을 골라 ○표 하세요.

장조림의 유래	장조림과 비슷한 음식	장조림을 만드는 방법
( )	( )	(○)

2 장조림을 만드는 과정의 순서대로 빈칸에 알맞은 번호를 쓰세요.

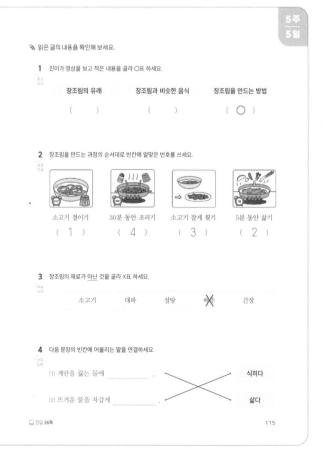

소고기 절이기	30분 동안 조리기	소고기 잘게 찢기	5분 동안 삶기
(1)	(4)	(3)	(2)

3 장조림의 재료가 아닌 것을 골라 X표 하세요.

소고기	대파	설탕	배추	간장

4 다음 문장의 빈칸에 어울리는 말을 연결하세요.

(1) 계란을 끓는 물에 _____ ⟍⟋ 식히다

(2) 뜨거운 물을 차갑게 _____ ⟋⟍ 삶다

정답 26쪽

115

1주 복습

공통으로 들어갈 받침을 찾아라!

✎ 빈칸에 공통으로 들어갈 받침을 보기 에서 찾아 글자를 완성하세요.

보기

ㄱ ㄹ ㅅ ㅂ ㅊ ㅋ

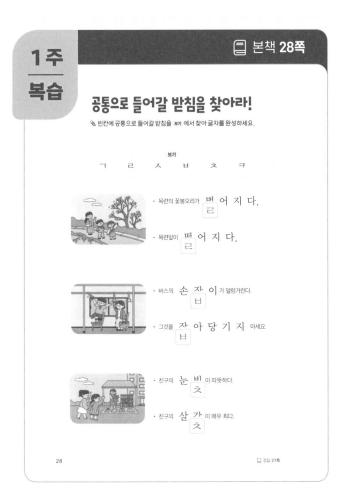

· 목련의 꽃봉오리가 벌어지다.

· 목련잎이 떨어지다.

· 버스의 손잡이가 덜렁거린다.

· 그것을 잡아당기지 마세요.

· 친구의 눈빛이 따뜻하다.

· 친구의 살갗이 매우 희다.

28

2주 복습

모아 모아 낱말을 완성하자!

✎ 낱말의 뜻을 잘 읽고, 자음자와 모음자를 모아 □ 안에 알맞은 답을 쓰세요.

1 늘 물이 고여 있는 큰 웅덩이.

연 못

2 해의 따스한 기운.

햇 볕

3 들이 있는 쪽이나 지역.

들 녘

4 앉을 때 다리가 접히는 앞부분.

무 릎

50

3주 복습

왔다 갔다 사다리를 타자!

✎ 다음 모음자가 들어간 낱말을 보기 에서 고르고, 사다리를 따라 도착한 □ 에 쓰세요.

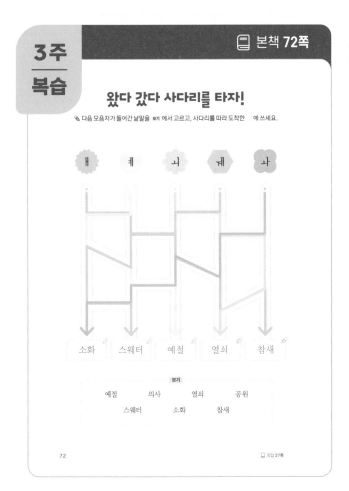

ㅒ ㅖ ㅚ ㅔ ㅘ

소화 스웨터 예절 열쇠 참새

보기

예절 의사 열쇠 공원

스웨터 소화 참새

72

4주 복습

맞춤법에 맞는 말을 따라가요!

✎ 맞춤법에 맞게 쓰인 말을 따라 선을 그으며 길을 찾아가세요.

94

27

알쏭달쏭 낱말 퍼즐을 맞혀라!

✎ 다음 빈칸에 들어갈 알맞은 말을 글자판에서 찾아 ○로 묶고, 빈칸에 쓰세요.

2　　　　**3**

Tip▼ 가로 또는 세로로 이어지는 낱말을 찾아보세요. ▼

가	리	키	왠	방
르	바	웬	지	커
치	라	조	리	다 ◀ **5**
다	다	절	이	다 ◀ **4**

▲
1

1. 어떻게 되었으면 하고 기대하거나 원하다.　　바 라 다

2. 누구에게 지식이나 기술 등을 일러 주어 알게 하다.　　가 르 치 다

3. 왜 그런지 모르게.　　왠 지

4. 채소 등을 소금이나 설탕 등에 담가 간이 배어들게 하다.　　절 이 다

5. 재료를 물에 넣고 계속 끓여서 양념이 배게 하다.　　조 리 다

📖 정답 28쪽

초등 공부
시작부터
끝까지!

초등 공부 시작부터 끝까지!

맞춤법 + 어휘 + 독해

정답

메가스터디BOOKS

내용 문의 02-6984-6928,31 | 구입 문의 02-6984-6868,9 | www.megastudybooks.com

우리 아이가 먼저 찾으니까, 매일 풀고 싶어 하니까

초등 독해 시작은
1일 1독해

하루 15분, 매일 키우는 공부 습관 **1일 1독해** 시리즈

➕ **하루 15분**
지문 한쪽 문제 한쪽

➕ **초등 교과와 연계한**
다양한 주제

➕ **어휘와 독해 실력**
동시 향상

메가스터디BOOKS

공부가 습관이 되는 365일 프로젝트

이서윤쌤의
초등 한자 어휘 일력

일력으로
배워 보자!

한자를 알면 공부 포텐이 터진다!
매일 한 장씩 재밌게 넘겨 보는 어휘 처방전

✔ **재미있는 만화와 챌린지**로 아이들이 스스로 일력을 넘겨 봐요.

✔ 한자 1개당 한자 어휘 4개씩, **총 1460개 어휘**를 배워요.

✔ 의미 중심 **3단계 한자 어휘 공부법**으로 공부해요.

메가스터디 BOOKS